学級経営のすべて

イラストで見る

全活動・全行事の

中学校 **3**年

橋谷由紀・佐藤利行 編著

のすべて

東洋館
出版社

は じ め に

　新しく学級担任になられる方、また初めての学年を担当される方、経験を積んでこられ、さらによい学級経営をするためにちょっとしたコツを知りたいと思っていらっしゃる方、ぜひ本書をご活用いただきたいと思います。

　これまでにたくさんの初任の先生方や教員を目指している学生と出会ってきました。彼らの多くが不安に思っていることが、学級経営でした。中学校の教員は、自分の専門とする教科については、ある程度の知識も自信もあります。しかし、学級経営については、着任した学校や出会った生徒によって対応が異なります。また、教員自身が経験したことのない課題を突きつけられることもあります。「学校現場は、ブラックだ」と言われるたびに、学級担任としてちゃんとやっていけるのか不安になることも多いのでしょう。年度当初の学級は、単なる個の集まりです。もちろん、課題を抱えた生徒が多い学級、穏やかで真面目な生徒が多い学級もあるでしょう。しかし、そのままの姿が年度末の姿ではありません。教員の学級経営の力によって、学級の姿は変わってきます。

　今、日本の教育は海外からも注目されています。日本の教育は、認知的能力と非認知的能力をバランスよく育てています。認知的能力とは、知識や思考力などの力を指します。非認知的能力とは、他者との協働、目標の達成、感情のコントロールといった力を指します。つまり、日本の教師は、授業だけでなく、朝の会から給食指導、家庭学習の仕方、健康や安全、生徒同士の人間関係づくり、学習指導以外の多くのことを指導しているのです。日本の教員が、大変優秀であると言われるのは、学習指導だけでなく学級経営においても素晴らしい力を発揮してるからではないでしょうか。

　本書は中学校の学校現場で、生徒が幸せな学校生活が送れるような学級経営をしたいと思っている学級担任の先生方が、イメージをもってすぐに使える本をと考え、作成したものです。と同時に、さらに新たな視点をもって実践をしていきたいと考えられている方に向けた本でもあります。

　第1章が理論編、第2章が事例編の2部構成となっております。理論編では、基礎となる考え方を簡潔に説明し、事例編は学級担任として〇月には、何をすべきか、どのような工夫をしたらよいかなどをコンパクトにまとめています。まずは「やってみよう」と挑戦してみてください。本書が望ましい学級経営を通して健全な生徒を育てようと、取り組まれている先生方の一助になれば幸いです。

　最後になりましたが、本書の刊行に当たりご尽力いただいた東洋館出版社の石川夏樹氏、学校現場でご活躍され、素晴らしい実践を寄せてくださった先生方、ともに編集にあたっていただいた佐藤利行先生に心より御礼を申し上げます。

2023年1月31日

編集代表　**橋谷　由紀**

本書活用のポイント

本書では、4月から3月まで毎月どのような学級経営を行っていけばよいか、各月の目標・注意事項を解説しています。また、学級経営の具体的なアイデアを、イラストをもとに、どのクラスでも運用できるような形で紹介しています。是非、ご自身のクラスでも実践してみてください。

■本書の見方

月初め概論ページ

 目標・注意事項

その月の学級経営での目標、考え方、注意事項を紹介しています。月ごとに何をやるべきなのかを学年で共有する際、このページが参考になります。1年間というスパンで子ども・クラスの成長を捉える中で、月ごとにPDCAを回していきましょう。

❷ 月のねらいに合わせた実践例

ここでは、その月のねらいを達成するために、オリジナルの実践例を紹介しています。教師の言葉かけから、ゲームなど幅広い内容となっています。自身の学級経営にマンネリを感じてきたら、是非、ここでのアイデアを実践してみてください。

1年間を見通した学級経営を！

学級経営アイデア紹介ページ

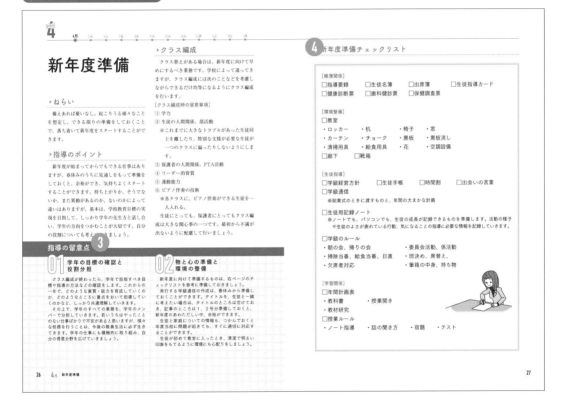

 活動の流れ

紹介する活動について、そのねらいや流れ、指導上の留意点をイラストとともに記しています。その活動のねらいを教師がしっかりと理解することで、教師の言葉かけも変わってきます。この一連の活動で、その月の学級経営の充実を目指していきます。

④ 中心となる活動・場面など

紹介する活動において、中心となる活動や場面、教材、板書例などに焦点を当て、活動の大切なポイントを解説しています。その後のゴールのイメージをもつ際に役立ちます。学級経営では、生徒の発言を受け止める、つぶやきを大切にする、温かな言葉かけが大切です。

もくじ

1 第3学年における学級経営のポイント

2 第3学年の学級経営

第3学年における学級経営のポイント

1

中学校の学級経営

1 学級経営とは

　学級経営の定義や意義については、様々な考え方がありますが、本書では、学級経営は、学校における児童・生徒の基本的な活動単位である学級を教育的な目標に即して組織化し、教育活動を充実させていく教師の仕事とします。ですから、生徒理解、生徒指導、教育相談、学習指導、教室環境等の整備、学級事務などのすべてが含まれると考えます。

　学級は、生徒にとって、学習や生活など学校生活の基盤となる場です。生徒は、学校生活の多くの時間を学級で過ごすため、学級における自分と友達との関係や、自分と学級集団の関わりの在り方は、学校生活そのものに大きな影響を与えます。そこで、学級経営の中でも学級集団としての質の高まりを目指したり、教師と生徒、生徒相互のよりよい人間関係を構築しようとしたりすることを、その中心的な内容とします。

学級経営＝教育活動を充実させる教師の仕事

- ・生徒理解　　・学習指導
- ・生徒指導　　・教室環境等整備
- ・教育相談　　・学級事務 など

---

2 中学生の発達の段階における課題

　中学校段階の生徒の主な特徴として挙げられるのは、思春期に入り発達は個別に異なりますが、急激な身体的発達、精神的発達の時期を迎えるということです。自分には、家族や周りの友達と異なる独自の内面の世界があること、また、周りの友達にもそれぞれ内面の世界があることに気づき、大人との関係よりも友達との関係が自分にとって大きな意味をもつと感じてきます。さらに、反抗期を迎え、親などの大人に対してコミュニケーションがとりにくくなることもあります。友達からの評価を強く意識し、自分自身に対する意識と客観的事実との違いに悩み、様々な葛藤の中で自らの生き方を模索し始めます。また、性意識や異性などへの興味・関心も高まります。未熟ながらも体も心も大人に近づき、大人の社会と関わる中で、大人もそれぞれ自分の世界をもちつつ、社会で責任を果たしていることに気づくようになる時期でもあります。

また、学校生活においては、小学校までとは違う新しい友達との出会いや、教科担任制や部活動などでの多様な教師との出会い、社会的な視野の広がり、そして進路の選択など新しい環境や課題に直面していきます。そうした中、生徒は、現在及び将来における自分の生き方について考え始めますが、価値観が多様化し、生き方にも様々な変化や課題が生じている現代の社会にあっては、すべての生徒が望ましい生き方を自覚し、これを深められるとは限りません。中には、自分の生き方に不安を抱き、挫折や失敗によって、自信や意欲を失っている生徒も少なくはありません。学級経営の中で、自己肯定感を高め、将来を肯定的に捉えられようにすることも中学校教師の大事な仕事なのです。

3　学級経営の充実と特別活動

　このように中学生の時期には、自我の目覚めや心身の発達により自立への要求が高まります。そこで、生徒の自発的、自治的な活動を可能な範囲で尊重し、生徒が自らの力で組織をつくり、活動計画を立て、協力し合って学びに向かう集団づくりができるように導くことが大切になります。

　特別活動は、教育課程全体の中で、特別活動の各活動・学校行事における資質・能力を育む役割だけではなく、全教育活動を通じて行われている学級経営に寄与します。学級経営は、特別活動を要として、計画され、更なる深化が図られます。そしてそれが、学びに向かう集団づくり、各教科等での「主体的・対話的で深い学び」を実現する授業改善の上での基盤となるのです。

　中学校学習指導要領には、　第5章 特別活動の第3の1の（3）に次のように示されています。

> 　学級活動における生徒の自発的，自治的な活動を中心として，各活動と学校行事を相互に関連付けながら，個々の生徒についての理解を深め，教師と生徒，生徒相互の信頼関係を育み，学級経営の充実を図ること。その際，特に，いじめの未然防止等を含めた生徒指導との関連を図るようにすること

　学級活動は自治的な活動であり、よりよい学級の生活を築き学級の文化を創造するため、集団として問題発見や話し合いを通しての合意形成や、話し合いで決まったことを協力して実践することが中心となる活動です。学級での合意形成を行う話合い活動は、学級活動や生徒会活動の中心となるものですが、学校行事の充実のために、学級における提案や取り組みの在り方などを話し合い、合意形成をする上でも重要な機能を担っています。自発的、自治的な活動の充実は、休み時間、放課後などにおいても、生徒の人間関係等によい影響をもたらします。

　現行の学習指導要領では、これまで小学校学習指導要領の総則及び特別活動のみに記述されていた「学級経営の充実」が中学校学習指導要領の総則及び特別活動にも示されています。これは、中学校の学習や生活においても、その基盤となる学級としての集団の役割が、重要であると認識されてきたためでしょう。学級活動を通して、生徒は、学級への所属感や規範意識を高め、学級が安心して学習できる居場所にします。また、学級活動を通して、生徒一人一人の生活の課題を解消する活動や、自己実現に向け学ぶ意義の理解を深めたり、自分の進路を考えたりしながら学習に主体的に取り組むことができるようになっていくのです。

教師の姿勢が学級をつくる

1 教師の願い

　学級担任であれば、誰もが共通に願うのは、楽しく豊かな学級生活を築き、質の高い学習を展開し、どの子も健やかに成長できるようにすることでしょう。だからこそ、学級担任は生徒たちや保護者と好ましい関係をつくるとともに、生徒同士のよりよい人間関係を築くために努力するのです。

　年度当初の学級は、単なる個の集まりであり、教育効果が高まる学級にはなっていません。どのクラスも同じようなものです。もちろん、課題を抱えた生徒が多くいる学級、穏やかで真面目な生徒が多くいる学級など、いろいろあることでしょう。ところが、ひと月も過ぎると少しずつ差が出てきます。年度末には、「進級してもクラスのみんなと別れたくない」というクラスと、「早くこのクラスの人と別れたい、このクラスにはいたくない」という声が聞こえるクラスがあります。学級経営には、学級担任の人間としての生き方や人間性が深く関わっています。

2 教師が心がけたいこと

　中学生は、生徒の自主性が高まるとはいえ、生活体験や社会体験はまだ少なく、教師の適切な指導や個別的な援助などが必要です。そのためには、個々の生徒をよく理解するとともに、集団の場面における指導や個別的な援助の在り方の工夫に努め、生徒の自主的、実践的な活動を促していくことが大切になります。学級経営において、教師が心がけたいこととして7つ挙げます。

○温かい雰囲気をつくって生徒に安心感を与える。
○人権に反する言動には厳しく戒め、思いやりや優しさの行動には積極的に認め賞賛する。
○安全に関わる指導を徹底し、教室に秩序と規律をつくる。
○一人一人の生徒とじっくり関わったり、保護者と信頼関係を築いたりし、個々の生徒のよさや可能性、課題を把握し、個に応じた指導をする。
○生徒を励まし信頼し、生徒が自ら考え挑戦することを奨励し、失敗した時も寛容の心で許し、積極性を育てる。
○どの生徒にも、役割があり、活躍できるようにするとともに、すべての生徒が安心して過ごせる教室環境と居場所をつくる。

○自分の学級の学級経営だけでなく、学年の教師が互いに協力し合う学年経営の充実を図る。

3 学級づくり

　教室には、その学級特有の空気感があります。「温かい」、「明るい」、「楽しそう」反対に、「冷たい」、「暗い」、「苦しそう」などですが、学級風土は、生徒たちの学校生活に大きく関わっています。そこにいるだけで、安心して何事にも取り組め、主体的で協働的な学びができ、いじめ等を未然に防ぐこともあれば、緊張し、やる気をなくし、いじめ等を生み出すこともあるのです。前者が支持的風土（支え合い認め合う関係）、後者が防衛的風土（監視し合い批判し合う関係）です。その学級風土には、生徒の構成や教師のタイプなどが影響しています。木原孝博氏は、教師のタイプを受容的態度（A/a）と要求的態度（D/d）のそれぞれの強さをもとに、「adタイプ」「Adタイプ」「aDタイプ」「ADタイプ」の４つに分け、受容的態度も要求的態度も強い「ADタイプ」を、理想としています（木原孝博著『学級社会学』）。教師が、受容ばかりの優しさだけでは、学級の規律やルールが守れませんし、要求ばかりの厳しさだけでは、生徒の気持ちが離れてしまいます。優しさと厳しさをバランスよく兼ね備えることで、学級に支え合い、認め合える人間関係が育みやすいのです。

教師のタイプ

強度	強い	弱い
受動的態度 （accepting attitude）	A	a
要求的態度 （demanding attitude）	D	d

［参考：『学級社会学』］

　次に学級づくりに必要なものを考えていきます。まずは学級の目標です。学級の目標は、教師が意図をもって、生徒たちと話し合いながら決めていく学級のよりどころとなるものです。教師と生徒たちみんなでつくり、全員が共通理解しておくことが大切です。次に学級の規律です。一人も取り残すことなく、学級の全員が安心して生活するための基本的なルールが必要です。そして、もちろん、安心して本音を言い合えるような人間関係も欠かせません。さらに、係、当番、学級委員会、班など学級内の組織や共有する価値意識、行動様式などの学級の文化も挙げられます。

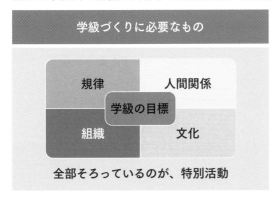

学級づくりに必要なもの

規律　　人間関係
学級の目標
組織　　文化

全部そろっているのが、特別活動

- **学級の目標**
  どんな学級にしていきたいか
- **規律**
  集団で安心して生活するための基本的なルール
- **人間関係**
  安心して本音を言い合えるような人間関係
- **組織**
  係、当番、学級委員会、班など学級内の組織
- **学級文化**
  雰囲気、共有する価値意識、行動様式

３年生の担任に なったら

❶ ３年生の特徴

　新年度は、どの学年の生徒もそれぞれ新しい気持ちで、自分の目標に向けて頑張っていこうという気持ちをもっています。特に３年生は、いよいよ最高学年だと高揚した気持ちと、義務教育の最終学年を迎え、１年後には、新しい生活をスタートさせなければならない漠然とした不安ももっています。また、身体的にも精神的にも大人に近づき、心が揺れ動く不安定な時期でもあります。

❷ ３年生学級担任としての心構え

　中学３年生は、前述のように義務教育最後の一年です。ほとんどの生徒は進学をすると思いますが、卒業後、就職する生徒にとっては、最後の学校生活、最後の学級集団になります。生徒にとって学級は、生きる上で必要な人間関係形成能力や社会参画意識、自己実現に向けた態度を育てるための絶好の場です。３年生の学級担任は、生徒たちにそれらの力をつけるとともに、それぞれの学級で生徒が達成感や感動を味わうことができる一年にしたいものです。

　３年生は、最高学年として学校をリードしていく存在です。また、なんと言っても進路実現に向けた学年です。中学校最後の一年を学級全員で共につくりあげていく雰囲気をつくり、生徒の意欲と友達との結びつきを強められるようにしましょう。持ち上がりで学級担任になった場合でも、生徒は、想像以上に新しいクラスに期待を抱いています。生徒の「今年こそは」という気持ちを大事にしていきたいものです。

　３年生になると、リーダーシップもフォロワーシップも育ってきて、生徒が自分たちの手でできることが増えています。３年生は学校の顔であり、３年生がしっかりしているとそれを手本にして、後輩が育ち、学校のよい伝統がつくられていきます。

　３年生の学級担任は、進路指導担当と連携し、最新の入試制度や進学先の情報を知っておくことが大切です。進学について保護者の関心も高くなるので、新しい情報をもっていれば保護者からの信頼にもつながります。入学したての１年生とは違って、３年生についてはこれまでの担任や養護教諭等からも生徒の情報を得ることができます。目立つ生徒だけではなく、一人一人の生徒に合った支援ができるようにしておきましょう。生徒との面談や、日頃の触れ合いの中でも気づいたことや得た情報をメモしておくと、進路について、具体的で的確な助言ができるようになります。

3 計画的な学級経営

学級担任は学級の経営者であり、学級という集団をまとめ、よりよい成果を求めて努力をしなければなりません。学級経営の成果とは、生徒一人一人のよさや可能性を伸ばし、自立した一社会人へと成長する力を高めるとともに、生徒が互いに高め合える学級風土を醸成し、よりよい学級集団をつくっていけるようになることです。学級担任は、目指す学級像のビジョンをもち、目標の達成に向けて計画的に進めていくことが必要です。そして、年間の取り組みの中でどの生徒をどの場面で生かしていくのかなど、方向や方針を明確に押さえておきつつ、生徒理解に基づいた柔軟な取り組みが求められることになります。

また、学級担任は時に壁となり、生徒に壁を乗り越える厳しさを味わわせることも必要です。生徒の弱い気持ちや甘えに流されることなく、生徒が自分の役割を最後までしっかり責任をもって取り組むことを徹底させるなど、生徒の成長のために厳しく対峙する姿勢をもつことも必要です。生徒の性格や能力等を把握し、その上でどのような力をどのように身に付けさせるのか考えて指導・支援にあたりましょう。どのような方針で学級経営にあたるのかを視覚化するために、「学級経営案」や「学級活動計画案」などを作成します。

4 積極的な生徒指導

生徒指導提要には、次のように示されています。

> 生徒指導とは、児童生徒が、社会の中で自分らしく生きることができる存在へと、自発的・主体的に成長や発達する過程を支える教育活動のことである。なお、生徒指導上の課題に対応するために、必要に応じて指導や援助を行う。

つまり、生徒指導とは、問題行動等が起こったときに対応したり、対症療法的な指導をしたりするというのではなく、生徒が生き生きと自発的・主体的に学習や活動に取り組むことで、問題行動等を未然に防ぐことにつながる指導や援助のことです。生徒組織を機能させ、単なる指示やルール順守に注力した指導ではなく、生徒によく考えさせる指導が効果を生みます。

さて、自発的・主体的な学級づくりを実現するためにはどのような手立てを講じたらよいでしょうか。自分の頭で考えず、ただ指示を待つだけにならないよう、生徒が、自分たちで考えたことを自分たちの手でやっていく経験を積み重ねられるようにします。教師が「どうせ無理だろう」などと決めつけてはいけません。ぶれない経営方針・指導方針の下、失敗しても根気強く生徒とともに考え、とにかくやってみるということを大事にしていきます。その取り組みの中で教師が適切に指導・評価を行い、寄り添い励ますことで、生徒の自主性や主体性が育まれるのではないでしょうか。自主性や主体性は、言われて身に付くものではありません。生徒自身による活動の保障と教師の粘り強い指導・支援によって培われるものです。

学級組織としては、学級の諸課題について問題提起したり、学級会の議題の原案を作成したりなど、学級のリーダー育成につながる組織をつくるとよいでしょう。構成メンバーは、「学級委員＋

生徒評議員＋班長」「学級委員＋班長」「班長」「学級委員＋希望者」など、学級担任の考えや学級の実態に即して決めます。組織の名称は、「プログラム委員会」「企画委員会」「班長会」など、学級の中で定着する名称をつけるとよいでしょう。

　昨今、校則の在り方について報道等で話題になることも多くなりました。学校のルールについても、疑問に感じ始める生徒が出てくるのは当然のことです。生徒が疑問に感じたときは、それは指導のチャンスです。誰もが安全安心に生活を送るためには、ルールは必要であり、集団の一員としてそれを守るべきものです。しかし、そもそもルールは何のためにあるのか、ルールの在り方、大切さなど、自分たちの頭で考え、よりよい学校生活のためにどうすべきかなどについて、教師も一緒に考える時間なのです。

　3年生は、学校生活についてはほとんど理解できているので、学校全体のことを、自分で考えたり、友達と一緒に考えたりしながら、解決していくことができる力を身に付けていきたいものです。なお、当然のことですが、生徒の自主性を生かすことと、任せっぱなしは違います。機会を促えて適切に指導・支援していくことが大切です。

5　進路への意識づくり

　「学級活動（3）」では、一人一人のキャリア形成と自己実現について指導をしていきます。「学級活動（3）」は、社会の中で自分の役割を果たしながら、自分らしい生き方を追求していくことの意義や、自分の課題を見いだし、将来に向けて今の生活や学習の在り方について見つめ直すなど、社会的・職業的自立に向けて自己を高めていこうとする学習です。

　進路というと、進学か就職かという話になりがちですが、大事なことは、どのような生き方をするかということです。何のために学ぶのか、何のために働くのか、どんな働き方があるのか、どんな自分になりたいのか、社会とどう関わっていくのか、そのために今何をなすべきなのかなど、自己の在り方生き方について深く考えることができるようにしていくことが大切です。社会で活躍する様々な人から話を聞き、その人の生き方に触れたり、実際に自ら職場で体験をしたりなど、多様な人と関わりながら体験的に学ぶことができる機会を用意することが一層効果的です。学級活動の時間は、行事の準備等に割かれてしまうことがありますが、学習指導要領の特別活動の目標にも明記されているように、「人間としての生き方についての考えを深め、自己実現を図ろうとする態度を養う」ために、活動内容に対して計画的に取り組み、生徒を指導していく必要があります。3年生では、より具体的に取り組むことになるでしょう。

6　地域・保護者との信頼関係づくり

　生徒を育てるのは、家庭だけでも教師だけでもありません。地域も一体となって力を合わせて見守り育てることで、生徒の健全な成長や、自立につながっていくのです。生徒には、自分だけのことでなく、周囲に目を向けさせ、自分たちが安心・安全に生活できていることや見守られていることへの感謝の気持ちや、地域社会に参画して貢献しようという態度を育てていきたいものです。平

成29年の「地方教育行政の組織及び運営に関する法律」の改正により、地域とともにある学校づくりの推進に向けてコミュニティ・スクールという仕組みが整えられました。国や自治体が制度として枠づくりをしていますが、大切なのは制度そのものより、子どもたちをどう育てていくかということです。学校や地域の実情と照らし、整えられた制度を有効に活用しながら、地域の児童生徒を中心に据えてビジョンを共有し、一緒に育てていこうとする思いで取り組むことで、地域と学校の信頼関係が構築され、よりよい学校づくり、地域づくりにつながっていくのではないでしょうか。

　3年生では、キャリア教育や進路学習の一環として、自分たちが住むまちについて、歴史や伝統、文化、産業などを学んだり、地元の人々の生き方に触れたり、まちの未来を考えたりすることがあると思います。このような活動を通して、まちの魅力や強みを再発見し、郷土愛を育み、自分自身の在り方・生き方について考えるようにしていきましょう。

7　同僚性の構築と生徒との信頼関係づくり

　今の生徒は、実に多様です。性格や特性だけでなく、様々な家庭事情や生活経験が背景にあり、同じ指導をしても、教師が思っているとおりに、どの生徒も同じように考えたり行動したりしてくれるわけではありません。例えば、校外行事の注意事項について説明をするにしても、教師の話だけで理解できる生徒もいれば、中には音声の指示だけで理解することが難しい生徒もいます。プリントやICTを活用して説明するなど、生徒の状況を捉えて適切に対応することが求められます。学級担任は、常に生徒理解に努め、その生徒に応じて支援の仕方を工夫しなければなりません。しかし、担任はスーパーマンではありません。思ったとおりに物事が進まないこともたくさん起こります。そのときには決して一人で解決しようとせず、助けを求めることが大切です。学級担任として責任をもって力を尽くそうとすることはもちろん必要です。しかし、特にいじめなどの大きな事案に対しては、学年主任や生徒指導担当、内容によっては管理職への報告・連絡・相談を行うとともに、同僚とコミュニケーションをとり、解決に向けて一緒に悩み、考えることが大切であると思います。一緒に取り組むことで同僚性が一層育まれ、巡り巡って生徒への指導体制に大きな影響を与えるものだと考えます。教師同士が仲良く、理解し合っていることは、生徒にも伝わり、安心感にもつながります。

　生徒は誰もが教師から認められたいと願っていますし、生徒が嫌がるのは、不公平感があることです。「同じことをしてもあいつは怒られないのに」「自分ばかり怒られる」という気持ちがあると、素直に指導に従うことができなくなります。はじめは小さな事柄でも、このような不満が積もると生徒の気持ちが離れ、学校が荒れるきっかけになることもあります。そのような状況は避けなければなりません。教師は生徒にとっていつも近くにいて、話を聞いてくれる、思いを受け止めてくれる存在でありたいものです。いずれにしても、生徒をよく見て、励まし支えていくことが大切です。教師がその視線で生徒を見ていると、教師の姿勢は生徒に伝わり、生徒同士もよいところをお互い認め合える関係になります。大切なことは、誠実に生徒の成長のために力を尽くそうとする教師の姿勢です。3年生で生徒とこのような信頼関係が育まれれば、生徒は教師との良好な関係の中で、安心して最後の一年を過ごし、新しい生活にはばたいていけることでしょう。

保護者とつながる
学級経営

1 保護者との信頼関係

　近年、学校や学級の業務の中で、多くの手間と時間を使わざるを得ない状況を生み出しているのが、保護者対応です。本来であれば、学級担任や学校にとって保護者は、生徒の豊かな成長を支えていくための、最も重要なパートナーです。しかし、価値観の多様化、近所付き合いの減少、少子化の進行で、子育て経験に乏しく、相談するところもない保護者の存在に困惑することが多々あるのが現状です。自分の子供と向き合い方がわからない保護者、保護者との向き合い方がわからない教師によって様々な問題が起きているというのが、学校と家庭が連携する上での大きな課題となっています。

　すべての生徒にとって楽しく安全でなければならない学級、学校で、生徒は様々な危機に直面しています。学級内での人間関係のトラブル、進級や転校などによる友達関係の変化、成績や受験のストレスなど、生徒には対処を迫られる様々な課題があります。このような課題に対して、うまく対処できなかったり、未解決のまま、大きな問題に発展したりすると、保護者も大きな不安に襲われ、担任や学校に対して不信感を募らせることがあります。保護者の理不尽な要求の背景には、保護者との信頼関係が大きく影響しているものもあると考えられます。生徒の問題に悩む保護者を共感的に理解し、生徒の成長と共に、保護者の成長も期待し、信頼関係をつくっていくことが必要です。

2 基本の保護者対応

保護者と交流する機会として、基本的には次のようなものが挙げられます。

通常の連絡

　　電話、手紙、メール、学級通信、通知表

対話の場面

　　個人面談（三者面談）、家庭訪問、授業参観、
　　学級懇談会・保護者会、PTAとの関わり、学校行事

---

3 保護者対応の基本

　多様な価値観をもつ保護者の中には、なかなか理解しにくい行動や言動をとる方もいますが、保護者は、ともに生徒の豊かな成長を支えていくための最も重要なパートナーである、ということをいつも意識し、その上で日頃の対応において、心がけたいことを考えていきましょう。

○謙虚な態度で接する
　　問題が起きたときだけではなく、普段から謙虚で誠実な対応を積み重ねておきましょう。

○気持ちを受け止める
　　共感的に話を聴き、言葉の裏にある保護者の気持ちを受け止められるようにしましょう。

○正確に事実を把握する
　　正確な事実把握を行い、保護者の話の内容を客観的に整理しましょう。

○わかりやすく丁寧に説明する
　　学校で把握している事実を丁寧に伝え、保護者と共通理解の上で話せるようにしましょう。

○組織で対応する
　　事前に、学年主任や生徒指導担当などと連携して、学校として対応できるようにしましょう。

○生徒にとってよいことを最優先にする
　　保護者や教師の立場を優先するのではなく、生徒のよりよい成長のためになる方法を優先しましょう。

4 保護者を理解する

　保護者と良好な関係を築くためには、保護者を理解することは重要なポイントの一つです。学級担任はふだんの保護者との会話から、保護者が生徒にどんな期待や不安を抱いているのか把握しておくことが大切です。相談があれば、学校と家庭が協力して生徒の成長を見守っていくことと伝えておきたいものです。中には、自分の教育観をそのままぶつけてくる保護者や、我が子の実態も把握せずに苦情を言う保護者、理不尽な要求をする保護者などがいます。しかし、このことを批判するだけでは問題はこじれるばかりです。

　学校は保護者にとってまだまだ敷居の高いところです。それでも、保護者が、学校に何かを訴えてくるということは、保護者なりの事情があると考えられます。まず、保護者の話を、途中で遮ったりせず、しっかり聞き、経緯を把握しましょう。そして、保護者が何を不安に思っているのか、何を根拠にしているのか、何を知りたいのか、どうしてほしいのかを理解することが大切です。保護者は感情的に多くのことを学校や学級担任に求めてくることもありますが、事実と憶測、保護者が一番要求していることを、保護者自身がわかるように整理することも担任の役目です。

学校行事を
学級経営に生かす

① 学校行事とは

　生徒たちの学校生活の思い出の中で、常に上位に挙げられるのは、学校行事です。修学旅行や体育祭、合唱コンクールなどで経験したことは、大人になってもそのときの感動とともに思い起こすことができることでしょう。学校行事は、特別活動の中の内容の一つであり、教育課程として位置づけられています。

　学校行事は、全校あるいは学年の生徒で協力して行う体験的な活動です。この活動を通して、生徒は、学校や社会への所属意識をもち、多様な他者を尊重し、協働してよりよい生活づくりに参画しようとする態度を身に付けます。また、生徒の学校生活に張りをもたせ、学校の文化や伝統及びよりよい校風をつくり、愛校心を高めることにもつながります。学校行事は、学校が計画し実施するものであるとともに、生徒が積極的に参加し協力することによって充実する教育活動です。他の教育活動では容易に得られない教育的価値を実現することができます。

② 学校行事で育てるもの

（1）儀式的行事

　入学式、卒業式、始業式、終業式、修了式、立志式、開校記念に関する儀式、新任式、離任式などがあります。

　人生や学校生活の節目に自分は多くの人に生かされている、これからも希望や目標をもって共にいきようと実感できるように、出会いや別れを大切にし、儀式ごとに、成長の喜び、感謝、決意を表す体験を作りあげることが大切です。

（2）文化的行事

　文化祭、学習発表会、音楽会（合唱祭）、作品発表会、音楽鑑賞会、映画や演劇の鑑賞会、伝統芸能等の鑑賞会や講演会などがあります。

　友達と共に、美しいもの、よりよいものをつくり出し、自他のよさを見付け合う喜びを感得するとともに、多様な文化や芸術に親しみ、美しいものや優れたものに触れることで豊かな情操を育てられるようにします。

（3）健康安全・体育的行事

　健康診断、薬物乱用防止指導、防犯指導、交通安全指導、避難訓練や防災訓練、健康・安全や学校給食に関する意識や実践意欲を高める行事、運動会（体育祭）、競技会、球技会などがあります。

　健康安全では、生徒が自分の発育や健康状態について関心をもち、心身の健康の保持増進に努めるとともに、身の回りの危険を予測・回避し、安全な生活を送ることができるようにします。また、体育的なものとしては、運動に親しみ、楽しさを味わえるようにするとともに体力の向上を図ります。

（4）旅行・集団宿泊的行事

　修学旅行、移動教室、集団宿泊、野外活動などがあります。

　家を離れ、わがままを抑えて友達と寝食を共にする不安と緊張の「非日常」体験では、自分をさらけ出すこともあります。生活習慣の違いを乗り越え、互いに互いを深く知ること中で、よりよい人間関係を築く体験を通して、所属感、連帯感を実感することで、生徒は共に生きることへの自信を深めます。

（5）勤労生産・奉仕的行事

　職場体験活動、各種の生産活動、上級学校や職場の訪問・見学、全校美化の行事、地域社会への協力や学校内外のボランティア活動などがあります。

　校内外での協働体験は、働くことや協力することの大切さ、自然を大切にする心、自然の恵みに感謝する心を育てる道徳的実践の場となります。

学校行事の教育的価値　＝　成功体験

◆学校行事の特質

"全校又は学年を単位として、学校生活に秩序と変化を与え、学校生活の充実と発展に資する体験的な活動を行うこと。"（学習指導要領より）

◆学校行事のねらい

教師の意図的・計画的指導	｝生徒による自主的・実践的活動
系統性を考えた指導計画の作成	｝非日常的な秩序と変化
各内容のねらいと指導を充実	
各教科との関連	｝学級活動、生徒会活動との関連

道徳教育と特別の教科道徳

1 道徳教育と道徳科

　中学3年生は、思春期まっただ中、かつ入試という大きなプレッシャーと向き合わざるを得ないストレルフルな日々を過ごすことがあります。そのような状況は、心のバランスを崩したり、社会や大人に対する不信感を抱いたりなどの様々な葛藤をもたらします。また、心や体の成長とともに、人生についても、意味やどう生きるかなどについて模索し始めます。

　道徳教育は、すべての教育活動を通して行いますが、やはり要となるのは特別の教科道徳です（以下、道徳科）。道徳科は、学級活動と同じく、週に1回、学級担任が行う授業です。その時間は、自分の価値観だけでなく、お互いの思いや悩みを聴き合い、自己の在り方生き方についてじっくり悩み考え、自分と向き合うことのできる時間になるようにすることが大切です。生徒が人間としての生き方について考えを深められるように指導の工夫をしていきましょう。

　各学校においては、道徳教育の全体計画とそれに沿った道徳科の年間指導計画等が作成されており、年間指導計画には、授業で扱う教科書等の題材が学年で統一されていると思います。しかし、学級担任は、その時その時の生徒の状況や学級の課題等について把握できているので、必要な時には、道徳科の授業の時期や題材は、多少柔軟に考えてよいと思います。いつ、どのテーマで生徒に考えさせるのか、どの生徒に焦点を当てて発言を引き出すのかなど、学級担任として道徳科の授業をマネジメントすることが大切です。また、道徳科の授業では、建前だけの意見を述べる生徒もいます。教師がどのような発言を求めているか察知する鋭い生徒だけが模範的な発言をし、それに対してクラスの生徒もそれ以上議論を深めようとしないということもあります。

　道徳科の授業では、価値観を揺さぶることで、深く考えさせることが大切です。教師の発問によって、生徒が友達の考えを聴くことが楽しい、深く考えることが楽しいと思えるより豊かな道徳科の授業の実践を目指しましょう。

2 いじめと向き合う

　平成28年11月、当時の文部科学大臣であった松野博一氏は、「いじめに正面から向き合う『考え、議論する道徳』への転換に向けて」と題するメッセージの中で、「子供たちを、いじめの加害者にも、被害者にも、傍観者にもしないために、『いじめは許されない』ことを道徳教育の中でしっかりと

学べるようにする必要があります。〜中略〜現実のいじめの問題に対応できる資質・能力を育むためには、『あなたならどうするか』を真正面から問い、自分自身のこととして、多面的・多角的に考え、議論していく『考え、議論する道徳』へと転換することが求められています。」と述べています。

　道徳科で「考える」べきことは、何でしょう。わかりきったことの再確認や、できていないことへの反省だけでは、道徳科でいう「考える」にはなりません。「なぜそれが大切なのか」「それを大切にすることによって自分たちの生活はどう変わっていくのか」などを考えることが必要です。また、議論するということについても、相手を論破したり、言い負かしたりすることではありません。「道徳には答えがない」と言われることもありますが、さんざん議論した挙げ句に「いろいろな考え方があります」で終わってしまうのも考えものです。深く話し合っていくうちに本当に大切なことが見つけられるようになることが望ましいのです。生徒は時に自己中心的な考え方や偏った見方によって、いじめや不正な行動が起きても、制止しようとせず、見て見ぬふりをしてしまうことがあります。そのときに、教師が一方的に「いじめをしてはいけません」と話して終わりにするのでは、あまり効果は期待できません。そうではなく、多様性を認められるようになれる学習、例えば、異文化や障害、マイノリティへの理解など、異なる他者と共生していくための知識と行動について学習できる授業であれば効果が期待できるでしょう。「多様性に寛容である」と生徒が感じている教室では、いじめ被害の割合が減少する傾向にあると言われています。つまり、学級の友達に「自分の違いを認めてもらえている」と感じられる教室を作ることが大切なのです。

　指導に当たっては、いじめ問題について、自分との関わりから考え、自他をともに尊重し、自尊感情が高められたか、他者との関わりの中で他者を理解し、他者への思いやりや感謝の気持ちが深められたか、約束やきまりの意義を理解し、多様なものを受け入れ、安定した学校生活が過ごせるようになったか、生命のつながりの中のかけがえのないものであることを理解し、生命の尊厳の大切さを深めることができたかなどについて考えられるようにします。

③ 道徳科と学級経営の充実

　道徳科の学習は、自分の率直な思いや、考えを伝え合うところから始まります。心を開いて自分自身を語るには、教師と生徒、生徒同士の「信頼関係に基づく雰囲気」が大事です。その雰囲気は、一朝一夕にはできません。それは日頃の学級経営から生まれます。次の3つのことを大切にし、学級経営をしていきましょう。

①生徒が自分の思いや考えを素直に、何を言っても友達に笑われないと安心して発言できる学級
②教師と生徒、生徒同士が、互いに相手のよさに気づき、認め、励まし合える学級
③友達や動植物にやさしく接し、誰に対しても思いやりの心をもって接することができる学級

　学級に起こっている様々な問題や、人間関係によるトラブルなどで、直接扱うのが難しい場合は、教科書の題材や資料等を活用しながら考えさせることも有効です。道徳の題材を通して、客観的に考えさせることで解決を図ります。生徒は自分たちの身の回りに起きている問題に近い題材を通して、自らの行動やふるまいについて考えるようになるのです。

第3学年の学級経営

2

新たな出会いを大切にする4月

▶ 4月の目標

　1学期の始業式から3年生として新しい学校生活が始まります。3年生は改めて進級を実感し、学級生活への新たな願いや思い、夢や希望に胸を膨らませ、新しい級友や学級担任との出会いへの期待が高まるものです。学級担任にとっても新たな出発となります。新しい生徒と出会い、これからの1年間をどのように学級経営していくか考え、計画を立てることを目標とします。

4月の学級経営を充実させるために

　4月当初、学級担任は、新しい生徒と出会い、これからの1年間をどのように学級経営していくかしっかりと考え、目標をもって運営していく必要があります。新たな出会いを大切にして、自ら好ましい人間関係をつくっていく姿勢を促していき、思い出深く忘れられない学級となるよう助け合い、励まし合う仲間意識を育てていきたいものです。そして生徒一人一人にクラスの一員として活躍する場を与えながら所属感をもたせていきましょう。4月のスタートのこの時期には最上級生になったことを自覚できるようにし、リーダーシップを発揮できるようにいろいろな場を設定し、試行しながら適切な指導を行うことが大切です。また、生徒の特徴や個性、持ち合わせているよさの伸長を心がけ、目標をもたせながら着実に学級経営を行っていくことが大切です。

　3年生は、義務教育の最終段階となり、進路選択をしなければならない学年となります。生徒は最上級生になった喜びとともに進路の決定に対する不安感を持ち合わせています。将来に対する夢をもたせ、自己理解の意識を高める指導を行っていきたいものです。3年生の学級経営は、まず信頼される担任を目指していくことから始まります。3年生の担任をするということは、学級にいる約40名の生徒の進路という大きな選択と決定に大きく関わることになります。個々の生徒の進路希望実現に向けて3年次の進路指導をスタートさせてください。

● 4月の学級経営の三本柱

① 新たな出会いを大切にして、自ら好ましい人間関係をつくることができる学級を目指す。
② 自分の学級であるという意識をもち、安心安全で居心地のよいと思えるような学級を目指す。
③ 1年間の見通しをもち、自己実現できる学級を目指す。

注意事項

　4月は学級経営の他、校務分掌や部活動指導等で多忙となるので、時間を有効に使い能率よく仕事を行う必要があります。この時期こそ体調を整え気力を充実させて乗り切るようにします。

自己紹介を生かした学級組織・学級目標決めへ

　新しい学級で居心地がよく楽しい学校生活を送ることができるようにしていく一歩として、自己紹介を多くの学級が行っています。この試みは、新たな出会いを大切にしながら教師及び生徒同士の望ましい人間関係を構築していくために行います。前に出て自己紹介する方法や、自分の席から自己紹介を行う方法、掲示物で自己紹介する方法やGIGA端末を活用した映像での紹介・プレゼンテーションなど様々な方法が考えられますが、この活動は掲示物の作成を兼ねた自己紹介としました。

▶ねらい

　新しい学級への期待と不安がある中での自己紹介です。2年次に同じ学級だった仲間もいますが3年生になり改めて自分のことを知り、友達のことを知ることをねらいとしています。温かい雰囲気をつくり出し緊張感を和らげていきたいものです。併せて自己を見つめるよい機会にもしていきましょう。

▶活動例：自己紹介カードの活用

　人前で話をすることが苦手な生徒もいるので、温かい雰囲気になるように担任がファシリテーター役となり生徒のよさを引き出すように試みることが大切です。また、教室の環境をよくするものとして掲示していくことを伝えてから記入させます。自己紹介カードに貼る写真は事前にデジタルカメラで担任が撮影しておきます。生徒のよさが表れるような写真に仕上げておきます。

　① 担任が用意した自己紹介カード（A4判）に「趣味」や「特技」、「私はこんな人です」「この一年の意気込み」等を生徒が記入する。

　② あらかじめ担任が撮影した写真を貼ったら必要事項を記入し自己紹介カードを完成させる。

　③ リラックスできるようにまず担任がユーモアたっぷりに自己紹介する。

　④ 自己紹介カードをもとに自席で自己紹介をする。

　⑤ 担任が一言コメントを言い添え、拍手を促す。

　⑥ 使用後の自己紹介カードは教室の後方に掲示する。

　⑦ 新しく着任した先生や授業参観に来る保護者にも見てもらえるようにする。

▶活動後のポイント

●自己紹介を学級組織決め、学級目標決めにつなげる

　自己紹介で学級のメンバーのことを知った後に学級の議長団（例：学級委員、議長、副議長、書記、会計）を選出し、学級組織（学級委員、専門委員、係、班長）を決めていきます。学級組織を決めるには、何に立候補するかあらかじめアンケートを取っておくと決めやすいです。その後、企画案等を作成する学級プログラム委員会（例：議長、副議長、書記、会計、学級委員、班長）を立ち上げます。そして、学級プログラム委員会で学級目標の原案や方向性等を話し合い、学級会を開いて議題として提案していきます。この自己紹介で学級のメンバーのことを知り、それを生かして学級組織決め、学級目標決めにつなげていくようにします。

新年度準備

▶ねらい

　備えあれば憂いなし。起こりうる様々なことを想定し、できる限りの準備をしておくことで、落ち着いて新年度をスタートすることができます。

▶指導のポイント

　新年度が始まってからでもできる仕事はありますが、春休みのうちに見通しをもって準備をしておくと、余裕ができ、気持ちよくスタートすることができます。持ち上がりか、そうでないか、また異動があるのか、ないのかによって違いはありますが、基本は、学校教育目標の実現を目指して、しっかり学年の先生方と話し合い、学年の方向をつかむことが大切です。自分の役割についても考えておきましょう。

▶クラス編成

　クラス替えがある場合は、新年度に向けて早めにするべき業務です。学校によって違ってきますが、クラス編成には次のことなどを考慮しながらできるだけ均等になるようにクラス編成を行います。

[クラス編成時の留意事項]
① 学力
② 生徒の人間関係、部活動
　※これまでに大きなトラブルがあった生徒同士を離したり、特別な支援が必要な生徒が一つのクラスに偏ったりしないようにします。
③ 保護者の人間関係、PTA活動
④ リーダー的資質
⑤ 運動能力
⑥ ピアノ伴奏の技術
　※各クラスに、ピアノ伴奏ができる生徒を一人入れる。
　生徒にとっても、保護者にとってもクラス編成は大きな関心事の一つです。最初から不満が出ないように配慮して行いましょう。

指導の留意点

01 学年の目標の確認と役割分担

　クラス編成が終わったら、学年で目指すべき目標や指導の方法などの確認をします。これからの一年で、どのような資質・能力を育成していくのか、どのようなところに重点をおいて指導していくのかなど、しっかり共通理解していきます。
　その上で、学年のすべての業務を、学年のメンバーで分担していきます。若いうちはやったことのない仕事ばかりで不安があると思いますが、様々な校務を行うことは、今後の教員生活に必ず生きてきます。学年の仕事にも積極的に取り組み、自分の得意分野を広げていきましょう。

02 物と心の準備と環境の整備

　新年度に向けて準備するものは、右ページのチェックリストを参考に準備しておきましょう。
　発行する学級通信の作成は、春休みから準備しておくことができます。タイトルを、生徒と一緒に考えたい場合は、タイトルのところは空けておき、記事のところは1、2号分準備しておくと、新年度のあわただしい中、余裕ができます。
　生徒と家庭についての情報も、つかんでおくと年度当初に問題が起きても、すぐに適切に対応することができます。
　生徒が初めて教室に入ったとき、清潔で明るい印象をもてるように環境にも心配りをしましょう。

▶ 新年度準備チェックリスト

[帳簿関係]
- □指導要録 □生徒名簿 □出席簿 □生徒指導カード
- □健康診断票 □歯科健診票 □保健調査票

[環境整備]
□教室
- ・ロッカー ・机 ・椅子 ・窓
- ・カーテン ・チョーク ・黒板 ・黒板消し
- ・清掃用具 ・給食用具 ・花 ・空調設備

□廊下 □靴箱

[生徒指導]
- □学級経営方針 □生徒手帳 □時間割 □出会いの言葉
- □学級通信
  ※始業式のときに渡すものと、年間の大まかな計画

□生徒用記録ノート
  ※ノートでも、パソコンでも、生徒の成長が記録できるものを準備します。活動の様子
  や生徒のよさが表れている行動、気になることの指導に必要な情報を記録していきます。

□学級のルール
- ・朝の会、帰りの会 ・委員会活動、係活動
- ・掃除当番、給食当番、日直 ・班決め、席替え、
- ・欠席者対応 ・筆箱の中身、持ち物

[学習関係]
□年間計画表
- ・教科書 ・授業開き
- ・教材研究

□授業ルール
- ・ノート指導 ・話の聞き方 ・宿題 ・テスト

始業式

▶ねらい

　いよいよ中3という緊張感と期待をもって生徒たちはこの日を迎えています。ここから始まる新しい一歩が可能性に満ちたものであることを教師は全身全霊で伝えましょう。

▶指導のポイント

　中学校生活最後の一年が始まるという意気込みと高校入試という未知なるものへの不安をもって迎える日です。教師の側も1，2年生の担任とはまた違う責任と自負をもってこの日を迎えることでしょう。工夫次第でクリエイティブになり得る一年とも言えます。健康に留意して生活リズムを作っていくことでそれが可能になります。希望に満ちた人生のための一歩という意識で過ごすことなど、教師の思いを伝えることがポイントです。

▶大切にしたい思いを伝える

　始業式の日には「それぞれの生徒のよりよい進路選択をサポートしていきます！」と伝えましょう。進路面談は1日に8人ぐらいずつで入念な準備が必要です。日頃から、雑談も含めて生徒が自分の気持ちやつまずき、迷いなどを担任や先生方に伝えられる信頼関係ができていると、その変化に対応して事前に詳細を調べることができます。面談で「志望校や方向性を変えたい」という申し出があった場合も、日頃から会話していれば慌てずに済みます。

指導の留意点

01 新しいクラスの発表

　生徒たちは、登校して最初に新しいクラスを知ることになります。担任の先生の名前も同時にわかる学校がほとんどでしょう。

　生徒全員が担任の自分を大歓迎してくれることはないかもしれませんが、生徒たちがどうあれ、教師側は生徒の情報をもちつつも、先入観なく一人一人の生徒と向き合っていきたいものです。

　生徒たちにどんな人間関係を築いていってほしいか、将来に対してどんな姿勢で臨んでいってほしいか、教師がまず自然体かつ情熱的でありたいものです。

02 中3生としての心構え

　進路の話としては情報を見逃さないことが重要です。学校から届くお知らせには必ず親子で目を通すことを伝えます。行きたい学校の説明会、見学会、体験会への参加も促しましょう。

　模擬試験は、受験と同じように大勢の受験者の中での得点などの成績のデータが出るので、積極的に受けましょう。進路選択の有効な資料になります。

　生徒会活動、部活動、特技での好成績は、頑張ってきたことの証しになります。学校生活を全力で過ごすことが進路に生かされることは間違いありません。

[生徒が緊張の面持ちでガチガチである場合]

人生はまだ始まったばかりであること、そして予測不可能な、人類がまだ経験したことのないような時代がやってきている、などの話をします。これまでの経験則での「秤」はあてにならない、自分が時代を切り拓いていくことができるかもしれないのだという話は、緊張している生徒や現段階で「自分はダメだ」と思い込んでいる生徒にはとても有効です。

[恰好つけずに自分も学んでいることを伝える]

生徒に必ずしている潜在意識と顕在意識の話があります。自分で気づいている自分の能力はわずか3〜5％に過ぎないこと、反対に自分が知らない自分の能力は95％とも98％とも言われていることを話すのですが、これは自分自身が常に前を向いて新しいことを取り入れているので説得力があります。教師の本気の姿勢はそのまま生徒に響き伝わります。

[生徒一人一人の特性を知るために]

放課後はクラスの掲示物や書類、学級通信の作成、授業の準備などなどで目が回る程の忙しさですが、生徒が大切に考えている部活での様子を見に行ってみることをおススメします。そこでの生徒たちの表情や先輩や仲間、また顧問の先生とのやりとりの中に、その子の資質が垣間見えてきます。教室での姿とは比べ物にならないくらいのイキイキした様子が見えるかもしれません。生徒の居場所や、活躍ポイントを担任として把握できるとよいでしょう。そこから学習へのモチベーションアップにもっていくことは大いに可能です。

03 相談の大切さを伝える

忙しいこの日、生徒たちにひと言だけ伝えるとしたら「こまめに相談においで」と言うことになるでしょう。
「今考えていることがこの先変わったっていい、今あなたがどこにいて何を思い進路についてどう考えているのか、できるだけ頻繁に話しに来てほしい」。ぜひこう伝えてあげてください。
三者面談を待たなくてよいこと、また担任である自分に伝えにくかったら話しやすい先生を訪ねてよいという言葉も添えてあげたら生徒たちは安心できるでしょう。

04 入学式の準備

始業式は、式が終わった後、「入学式」の準備をするところが多いようです。お手伝いするのは学校によって3年生全員なのか、委員会や係、部活の生徒かは異なるでしょうが、会場に椅子を並べる、演壇の花や紅白幕を調えるなど、手伝う内容は多岐にわたっています。
かつて自分たちが迎えてもらったように新入生を温かく迎えるその「心」こそ大事だと話してあげてください。それにより最高学年としての意識もおのずとできてきます。

学級目標

▶ねらい

　中学校最後の1年間をどうしていくか、生徒と教師のそれぞれの願いや思いを込め、話し合って、学級のよりどころとなるような目標にします。

▶指導のポイント

　学級目標は、学校目標や学年目標を受けて、生徒と教師の願いや思いを込めたものになるように、みんなで話し合って決めていきます。決まった学級目標は提示するだけではなく、年間を通じて学級が成長するためのよりどころとなるものです。学級目標は、決めたら終わりではなく、日常の学校生活の中でも意識するとともに、学校行事や学期の終わりなどに、達成の様子を計画的に振り返ることが大切です。

▶保護者向けのアンケート

　保護者の思いや願いを把握するため、学級通信に、切り取って提出できる欄を設けます。回収してまとめ、保護者の思いを生徒に知らせます。保護者も、学級目標づくりから、学級経営に参画していただくことで、学校教育に協力的な雰囲気をつくることができます。

保護者の皆様の思いをお聞かせください

保護者氏名 ＿＿＿＿＿＿＿＿＿

こんなクラスになってほしい

```
┌─────────────────────┐
│                     │
│                     │
│                     │
│                     │
└─────────────────────┘
```

学級目標を決めるときに参考にさせていただきます。22日（金）までにお子さんを通じて提出してください。

指導の留意点

01 担任の思いを伝える

　学校目標や学年目標は、学校や学年が目指すべき方向を示しています。その目標を受けて、学級担任としてどのような学級にしたいのか、中学3年生としてどのような姿を目指してほしいのか、生活面、学習面など、生徒がイメージできるように、熱く静かにしっかりと願いや思いを自分の言葉で伝えましょう。

　その際、学級通信や板書、ICT機器などを使ってもよいでしょう。持ち上がりであれば、成果や課題にも触れ、これまでの成長を踏まえた上で、生徒が目標を考えられるようにします。

02 生徒の思いや願いを知る

　生徒の学級に対する思いや願いを知るために、どんな学級にしたいのか、学級で大切にしたいことなどを短い言葉やキーワードにして記入するようにします。その際、短冊などを用意し、参画意識を高めるために、一人1枚以上は書くように促します。黒板に貼られた短冊は、内容の似たものをまとめるなどして分類し、お互いの思いや願いについて確認できるようにします。

　ICT機器を活用して、全員の考えを見られるような工夫を取り入れることも考えられます。どんな方法をとるにせよ、全員の考えや思いを知り、尊重する気持ちを育てたいものです。

■目標を決める

3年○組の学級目標と自分のめあてを決めよう

みんなの願い	
明るく楽しい	24人
けじめがあり集中	15人
目標に向かって協力	13人

目標に入れたい言葉

協力　笑顔　夢

努力　本気　けじめ

学級の目標

↓

自分の目標

学級目標をふまえて、学習・生活・その他について自分の目標を決めます。

保護者の願い
- 最後までやりとげる
- 力を合わせる

先生の願い
- 一人一人を大切に
- 何ごとも本気で

■目標が決まったら

　各学級で、お互いが成長できる、よりよいクラスにしていくための手立てを話し合います。その話し合ったことを掲示物にし共有できるようにします。

03 学級目標を決める

　みんなから出された意見（短冊など）を見ながらお互いの願いや思いを知り、これからの1年間で、みんなで取り組んでいくことを話し合います。一人一人が意見を出すので、様々な意見が出されることが予想されますが、無理に一つにまとめようとせず、実現できる内容を、学習面、生活面、健康・運動面など、具体的な言葉で表現できるようにします。

　学級目標を考えながら、生徒自身がどんな中学3年生になりたいのか、そのためにどのようなことに取り組んだらよいのかということも考えられるようにします。

04 学級目標が決まったら

　学級目標の掲示物を全員で作成します。デザインや方法については、みんなで話し合って決めたり、係や得意な生徒が担当したりしてもよいですが、作成には何らかの形で全員が携われるようにしましょう。

　具体的には、みんなでちぎり絵をしたり、似顔絵を書いたり、手形を押したりなどがありますが、新たにアイデアを出し合い、創意工夫してみましょう。全員で作成することによって、所属感を高め、学級目標を心に残すことができます。完成した掲示物は、教室の背面など、生徒が見ることができるところに掲示します。自分たちが関わった学級目標に愛着を感じることでしょう。

学級懇談会

▶ねらい

生徒を共に育てるという同じ目的をもった保護者と教師、また保護者同士が、お互いを知り、家庭・学校で得た生徒の情報を共有し、よりよい成長のために協力体制を築けるようにします。

▶指導のポイント

保護者は、我が子の担任がどのような人か非常に興味をもっています。初対面の印象は、その後の関係にも影響を及ぼすことがありますので、最初の出会いを大切にしましょう。

懇談会の時間は限られています。話題や内容をあらかじめしっかり考え、時間の計画を立てておきましょう。お互いの理解が深められるように、温かな雰囲気で進められるようにします。

▶懇親会の構成

① 受付
② 映像を見る
③ 自己紹介
④ 話合い
　テーマ「　　　　　　　　　」
⑤ まとめ

[テーマ例]

・子どもの長所や性格
・子どもに望むこと
・スマホの使いかた
・家庭学習の時間
・1日の中で自分の好きな時間
など

▶机の配置の工夫

参加者の人数や様子を見て、全体で話すかグループにするかを考えましょう。それに合わせて机の配置を変えます。コの字にしたり、グループにしたりすることも考えられます。

指導の留意点

01 事前の準備

まずは、学校や学年で、学級懇談会の目的を話し合います。初めての学級懇談会の目的について学年で共通理解をし、内容や開催方法の工夫を話し合っておくとよいでしょう。内容は、保護者の興味・関心を高めるものになるように、修学旅行などの行事予定や進路指導等検討し、学級通信等で知らせておきます。

また、資料、名札、座席表や、生徒の様子がわかる映像などを用意します。名札は、生徒がA4の半分の紙を4つに折り、三角柱にして作ります。名前を2面に、あとの1面に「いつもありがとう」や「来てくれてありがとう」など、コメントを書くと、保護者も喜ぶ手作りの名札ができます。

→ ゼムクリップ1個で止めることができます
一面はのりしろ

02 学校の様子を伝える

保護者は、我が子の学校生活の様子を知りたいと思っています。懇談会では、日常の様子や学校行事等の様子が伝わるビデオや写真のスライドショーを準備しておき、見てもらうとよいでしょう。映像には、BGMを入れるとさらに効果的です。家に戻って生徒との話の種になります。また、出席することで見られる動画で、出席してよかったと思ってもらえることでしょう。

同時に、学級懇談会に出席できなかった人が取り残されたような気持ちにならないように、懇談会の様子を学級通信などで紹介したり、当日配布したプリントを、後日、生徒を通じて届けたりするようにしましょう。

終わったらゼムクリップを外して保管します。次の機会まで、場所をとらずに済みます。

▶ 自己紹介の工夫

　全体で行うときは、生徒の名前と自分の名前、生徒のよいところなど、名前以外のことも何か一つ加えて話してもらうようにしましょう。

　4、5人のグループの時は、「チョコが好きな○○です」など、名前と好きなものを言ってもらい、その隣の人には「チョコが好きな○○さんの隣の、バナナが好きな△△です」と増やしていきます。最後の人は全員分を言わないといけないのでたいへんですが、きっと教え合ってくれますし、言えた時には自然と拍手が起き、温かな雰囲気になるでしょう。

[「コの字」型の配置]

・保護者一人一人の目を見て話しやすい
・保護者も、他の保護者全員の顔を覚えることができる

[少人数グループの配置]

・4〜5人の少人数のため、緊張せずに話すことができる
・担任は、各グループをまわり、様子を確認する
・話が進まないグループがあれば、担任がサポートする

03 端的に担任の考えを伝える

　普段から学級通信などで、担任の考えや、生徒のよさや、学校生活における課題などを伝えていると思いますが、懇談会では対面で自分の思いを伝えられるチャンスです。

　レジュメや資料を有効に活用し、短く、印象に残る話にしましょう。だらだらと長く何が言いたいのかわからない話や、家庭にお願いすることばかりの話であれば、聞きたい気持ちもうせてしまいます。担任の人となりを理解してもらうための自己開示をすることで、親しみを感じてもらうことができます。

　教師としてこの一年をどんな一年にしたいか、生徒のどのような力を伸ばしていきたいか、そのために担任としてどのようなことを行なっていくか、などを伝えられるとよいでしょう。

04 出席人数に一喜一憂しない

　出席率が低かったとしても、担任の魅力が足りないとか、保護者の学校教育に対する関心が低いからとか、短絡的に考えないようにしましょう。思春期真っただ中の生徒は、保護者に来ないでほしいとか、来たらいやだなどと言っている可能性があるからです。

　生徒にも保護者に来ていただく意義について理解してもらいましょう。同時に来られない保護者の生徒がつらい思いをしないような配慮も必要です。保護者会の意義

> 担任と保護者、保護者同士が仲良くなれるチャンス！
> 生徒の成長を一緒に楽しめ、困ったときには相談できる仲間です。

欠席・遅刻・早退

▶ねらい

欠席・遅刻・早退のルールを設けるねらいは時間を守らせること。生活リズムを整えてこそ活動や学習する意欲も生まれます。その延長線上に、健全で希望ある将来があるからです。

▶指導のポイント

中3生活の肝は中学生活最後の行事や部活・委員会をやり遂げ、生徒一人一人が最適かつ最善の進路選択をすることです。それは今を丁寧に生きる先に見えてきます。どう時間を使うかはどう生きるかなのだということ、そして「自分が時間を管理するんだ」という能動的な姿勢を育てる観点から「時間を守る」ことの価値を丁寧に伝えましょう。

▶下駄箱での出欠チェック

毎朝、学年付きの教師が下駄箱で出欠のチェックをします。上履きが外履きにかわっていたら登校していることになります。上履きのままで連絡がない場合は教室でも、在不在を確認した上で、ご家庭に電話連絡をします。生徒の安心安全のためにも大切なことです。

下駄箱チェック前のホワイトボード

下駄箱チェック後のホワイトボード

指導の留意点

01 体調を整える

心と体は密接に関わっています。心の不調が体調不良につながり得るのです。

中3になって遅刻が続いたり欠席がちの生徒が現れたら、その時が改善のタイミングです。担任は無闇なポジティブ思考ではなく、生徒の抱えている問題を一緒に見て共有してください。

例えば「遅刻が続いているけど朝起きづらくない?」などの問いかけをします。生徒は自分で答えをもっているものなので、先回りせずに答えるのを待つことが肝要です。そこから何らかの気づきが始まります。

02 感染症対策

受験を意識するようになると、同時に感染症にかからないようにとピリピリするものです。予防のために手洗いうがいを励行するなど万全の対策をとる一方で、ご家庭にも協力を要請しましょう。

【受験生のいる家庭の感染対策】
・インフルエンザの予防接種など家族も受ける
・家庭においても、手洗いうがいの徹底を促す
・睡眠と栄養を意識してとるよう家庭に伝える
・こまめな水分補給を行うように家庭の協力を求める

[出欠確認]

　アプリのチェック。出欠アプリを各学年の担当教員が毎朝チェックをしてホワイトボードに記入します。直接学校に電話がかかってくる場合もありますので、その場合は電話を受けた教員が各学年の教員に伝えて、その都度ホワイトボードに書き入れます。

[欠席時の連絡]

　担任にも連絡が来ていないとなって初めてご家庭に電話連絡します。最近は家に固定電話がないご家庭も多く、その場合は保護者の携帯電話にかけることになります。

[昇降口での確認]

　昇降口で生徒を出迎える担当の教員が、毎朝下駄箱の靴のチェックをします。ボードに名前がなくて来ていない生徒を報告します。報告はまず担任にして連絡の有無を確認しましょう。保護者から担任に直接連絡を入れている場合もあるからです。

> [欠席連絡の注意事項]
> ・両親がそろっている家庭の場合は、連絡を入れる順番を決めておくこと。
> 　（例）家電→母携帯電話→父携帯電話
> ・ひとり親家庭の場合、勤務時間と電話がつながる時間帯を確認しておくこと。
> ・ひとり親家庭で、親が複数の仕事をかけ持ちしている場合、全ての勤務先と電話番号を知っておくこと。

03 人生のマネジメントにつながる

　時間の管理と言われて窮屈に感じる生徒もいるかもしれません。そういう生徒には、発想を転換して自分が時間を管理することだと伝えましょう。自分が主体となって時間を使うことは、ひいては人生そのものをマネジメントしていくことです。朝の会で自由に時間をマネジメントする様子を目を閉じてイメージさせたことで、遅刻が激減しました。瞑想は近年マインドフルネスとしても注目され心や体を整える手段としてもオススメです。

04 欠席・遅刻の理由

　朝起きられないのが「起立性調節障害」が理由であったら生活リズムや心の問題なども視野に入れて必要に応じスクールカウンセラーに相談することや医療機関等の受診を勧めましょう。自律神経の乱れにより朝起きづらい、だるいなどの症状は不登校や引きこもりにつながりかねません。友人関係のストレスや深夜の動画視聴などの背景が見えてきます。動画視聴の時間をコントロールできた生徒が遅刻をしなくなった例もあるのです。

学級通信

▶ねらい

学校生活や、学級の様子を、学級通信として保護者に知らせることで、保護者が学校教育や学級担任の学級経営についての理解を深めることができるようにします。

▶指導のポイント

中学3年生にもなると、小学生のときのように、保護者に学校であったことをあれこれと話しません。保護者にとってどんな学校生活を送っているのかは、大変気になるところでしょう。ですから、学級通信には、学級で起こったことを中心に書きます。生徒のつぶやきや楽しい会話、生徒のよさが光るエピソード、また学級で問題になっていることや教師の経営方針に関わることも紹介します。

▶生徒インタビューの掲載

学級通信各号で、何を載せるのが望ましいのか考え、計画表を作成しておきます。また時には、生徒へのインタビューを載せるのもよいでしょう。生徒の自己存在感や、自己有用感を高めることにつながります。

生徒インタビュー用紙

氏名　＿＿＿＿＿＿＿＿＿

＊このまま学級通信に掲載しますので、丁寧に記入してください。

指導の留意点

01 読みたくなる記事を書く

いくら一生懸命、学級通信を作成しても、読んでもらえなかったら意味がありません。読みたくなる記事、毎回楽しみにされる学級通信にすることを心がけたいものです。「最近、だらけています」とか、「校則が守られていません」「ご家庭でも注意してください」などの注意事項ばかりだったら、読みたいという気持ちがなくなってしまいます。注意は最低限にとどめ、気持ちが前向きになれるものがよいでしょう。必ずしも学校生活に関わるものばかりではなく、時季に合ったもの、ユーモアのあるもの、担任の人となりが伝わるものなども考えられます。

02 レイアウトを考える

学校からは、学校だより、保健だより、給食だより、学年だよりなど、毎月様々なたよりが発行されます。ですから、自分のクラスの学級通信は、このレイアウトで、というものを作成しましょう。

紙面の目立つところには、生徒の活躍やよいところがわかる学級の様子など、気持ちが明るくなるものを書き、注意したいことなどは、その後に書くようにすると、読む気がなくなるということを避けることができるのではないでしょうか。そのためには日頃から生徒のよさを見つめ、指導の中で得たよさをノート等に記しておくとよいでしょう。

■学級通信の例

タイトルのネーミングとロゴを工夫します。学校からはたくさんお便りが届くので、一目で学級だよりとわかるよう工夫します。

保護者に伝えたいことは、短い言葉で端的に示すとよいでしょう。

写真を活用します。文章よりも様子をわかりやすく伝えることができるので、保護者にも好評です。

03 発行前には入念にチェック

　生徒の作品や様子を掲載する場合は、公平になるようにしましょう。いつも同じ生徒のものばかり載せないように、名簿等に記録しておきましょう。また、作品は、その生徒のよさが出ている内容にします。

　誤字や脱字、表記の間違い、文のねじれなどがないか推敲しましょう。いつも間違った表記だと、保護者だけでなく生徒からも信頼されなくなります。

　また、保護者へ依頼することを掲載する場合には、説明不足にならないように、学校の様子をよく知らない保護者にも伝わるようわかりやすく書くか、保護者会等で説明するようにしましょう。

04 配布する前に管理職に見せる

　出来上がった学級通信は、配布する前に必ず管理職に提出して目を通してもらいましょう。学級通信といえども、保護者からすると学校からの文書です。何か問題になったときは、管理職の責任になります。内容や書きぶりには細心の注意を払いましょう。

　また、学年主任や副担任など、多くの先生に見てもらうことで、学級の様子や担任としての学級経営方針を知ってもらうことができます。

　また日頃から、放課後や委員会などの様子や、他の学級をのぞくことができるときは、他のクラスの学級通信を見てみましょう。いろいろなヒントを見つけることができるはずです。

学級会

▶ ねらい

　学級会は、生徒が自分たちに関する諸問題に対して主体的にその解決に向けて行う自治的な活動です。学級会で討議し、決まったことを実践することで、自発的・自治的な集団を目指します。

▶ 指導のポイント

　学級会は、生徒たちが自分たちの諸問題の中から生活の向上を考え、クラスをよりよくしていくための活動です。学級会の中では意見を出し、比べ合い、合意形成していきます。話し合いを重ねることで、他者の意見に耳を傾けたり、折り合いをつけられたり、少数の意見を取り入れたりなどのスキルが身に付いていきます。大切なことは、「生徒を信頼し、話合いを任せ、教師が決定しないこと」、「決まったことを必ず実践すること」です。

■ 司会台本

プログラム		話合いの司会台本
はじめの言葉（　　）		◎これから第　回　年　組学級会をはじめます。⇒号令（　　　）
司会グループの確認		◎司会、記録の確認をします。 　進行司会は（　　）、指名司会は（　　）です。 　黒板・ファシリテーターは（　　）、ノート記録は（　　）です。
議題の確認（　　）		◎今日の議題は「　　　　　　　　　　　　　　　」です。
議題の趣旨説明について（　　）		◎議題の提案理由を（　　）さん、よろしくお願いします。
話合いのめあて（　　）		◎今日の話合いでは、「　　　　　　　　　　　　」をめあてとして話合いを行ってください。
担任の先生から（　　）		◎今日の話し合いのポイントを（　　）先生お願いします。 　話し終わったら ⇒ ありがとうございました。
出し合う 10分 ↓ 比べ合う 10分 ↓ まとめる 20分	意見を集める	◎それでは、話合いを始めます。 ◎最初に意見を集めます。意見のある人は挙手をして発言してください。また、自分の意見についてはその理由も言ってほしいと思います。 ※意見については、必ず理由を言うようにしてください。学級の仲間になぜそのようなことを考えたのかを知ってもらういい機会となります。
	わかりあう	◎出てきた意見に対して質問や確認はありますか。
	意見を比べる	◎それでは、集まった意見について、自分の考えを言ってください。 ※賛成、心配、つけたしなど、出された意見を比べたり修正したりします。 ◎意見が出ないようなので、周りの人と（　　）分間話し合ってみてください。 ◎みんなで、○○についてもう少し意見を出してもらいたいと思います。
	まとめる	◎出された意見をまとめる意見はありませんか。 ◎似ている意見をまとめていきたいと思いますが、どうですか。 ◎みんながいいようなので、（　　）にしてもいいですか。 ◎意見が出つくしたので、多数決で決めてもいいですか。
決定事項の確認（　　）		◎今日の話合いで決まったことをノート記録の（　　）さんに発表してもらいます。 　話しおわったら ⇒ ありがとうございました。
振り返りの記入（　　）		◎今日の振り返りを記入してください。時間は（　　）分です。
今日の素敵な場面（　　）		◎今日の学級会での素敵な場面を発表してください。理由もお願いします。
実践に向けてがんばりたいこと（　　）		◎今日の学級会で決まったことに対して、がんばりたいことを発表してください。
先生から（　　）		◎今日の話合いについて、網谷先生お願いします。 　話しおわったら ⇒ ありがとうございました。
おわりの言葉（　　）		◎これで第　回　年　組学級会をおわります。⇒号令（　　　）

指導の留意点

01　議題の選定、議長団指導

　まずは学級会で話し合う議題を選定することから始めます。中学校では、学年で学活の内容が決まっていることが多いため、教師側が議題を決めてしまうことが多いです。しかし、本来は生徒自らが自分たちの諸問題を見いだし、議題を決めていくことが求められます。

　手順は、①クラスに議題BOXを設置したり、議題アンケートを配布したりして議題を収集。②学級プログラム委員会（班長会）などで議題の優先順位を確認しながら議題を選定。③議題が決まったら、台本を準備し、議長団の指導④議題が決まったら、学級会前日までに生徒全員に議題を伝え、意見を考える。議題例：「学級目標を達成するための企画を決め、実践しよう」「クラスの絆を深めるための学級レクを企画し、実践しよう」

02　学級会における話合い

　事前の準備が終わったら学級会本番です。学級会は、議長団（進行司会・指名司会・黒板書記・ノート書記）を中心に運営します。手順は、①議題の確認、②（提案した生徒からの）議題の提案理由の説明、③話合いのめあての確認、④担任からの（学級会で気をつけてほしいこと）説明、⑤話合い（出し合う→比べ合う→まとめる）、⑥決定したことの確認、⑦振り返り、⑧担任からの話（具体的に褒める、次回のクラスの課題を伝える）の流れでします。

　学級会を生徒が運営する上で大切なことは、「事前の準備を綿密に行うこと」「議題や話合いのめあてからそれないようにすること」です。

■板書例

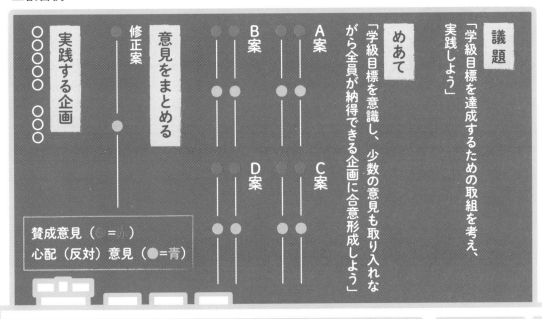

議題「学級目標を達成するための取組を考え、実践しよう」

めあて「学級目標を意識し、少数の意見も取り入れながら全員が納得できる企画に合意形成しよう」

A案　　C案

B案　　D案

意見をまとめる
修正案

実践する企画
○○○○
○○○○○
○○○

賛成意見（■＝赤）
心配（反対）意見（●＝青）

[板書の工夫]

・「議題」「めあて」などは磁石で貼れるように用意すると、会のフレームが定着する

・賛成意見、反対意見の色などを毎回揃えておくと、意見を捉えやすい

・学級会の話し合いの過程がわかるように意識する

03　決めたことの実践

　学級会で決まったことに対して、実践を行います。実践をするためには、準備が必要になります。その準備には、クラス全員が何かの役割をもち、関わっていくことが必要です。その活動の過程で、クラスがさらに活性化され、コミュニケーションも多くなり、絆が生まれていきます。実践をすることで、自分たちで決める内容に責任が生まれます。もしも学級会で決めたことを実践しないと、学級会の参加意欲が低下したり、決まったことに対する重みがなくなったりする可能性があります。そのため、学級会で決めたことを必ず実践していくことが自発的・自治的な生徒、集団をつくっていくポイントです。
準備例：「係の分担」「道具作成」「ルールの確定」など

04　振り返り

　決まったことに対しての実践が行われたら、適宜（月に1回ほど）振り返りを行います。振り返りを通じて、今行っている実践がさらによりよくなるための工夫について考えたり、これからの学級会や実践を考えていく上で参考となることを話し合ったりするなどします。その過程が自発的・自治的な生徒、集団の形成につながります。
　PDCAサイクルのように1年間クラスの中で01〜04の流れを繰り返し行います。経験を積めば積むほど生徒も学級組織も成長していきます。担任は、この一連の活動の中心にいるのではなく、下から支えているイメージで関わっていくことが必要です。

朝の会・帰りの会

▶ねらい

クラス全員が価値ある存在だということ、担任は常に全員を見ているということ、また生徒たち相互の関係を築くのに朝の会・帰りの会は絶好の時間と場であることを意識しましょう。

▶指導のポイント

たかが10分、されど10分。朝と帰りの会は担任とクラスの距離を縮める絶好の機会です。有効に活用しない手はありません。担任の人柄に心を開いて自分を開示する生徒が現れます。時に問題や深刻な話をする必要も起こるでしょう。が、基本は笑顔。担任が明るい雰囲気づくりを心がけることこそ生徒のモチベーションアップや授業、行事、進路に前向きに取り組む姿勢など、すべての源となっていきます。

▶会の原稿の共有

原稿を教室に置いておくことで、当番の生徒が会をスムーズに進行できます。担任が不在の場合も、責任をもってクラスに携わることができます。

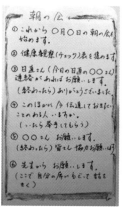

[台本を使った会のポイント]

生徒に会を任せることで、自主性や責任感がひとりでに育っていくというメリットがあります。たとえ小さな会であったとしても、生徒が自分たちで運営することが当たり前になると、リーダーシップの発揮や、周囲への目配り気配りにも繋がり。生徒の成長に大いに役立ちます。

指導の留意点

01 朝の会

朝の会では具体的に何をするか。ぜひ担任の代わりに日直の生徒に進行をしてもらいましょう。
原稿はあらかじめ作成して、パウチ加工などをして教卓脇にでも貼っておくと便利です。
朝の打ち合わせが長引いても安心ですし、いったん流れができてしまえば、生徒に任せている間に担任はゆったりと全体を見回す余裕がもてます。一人一人の生徒のちょっとした変化に気付くことは、何より重要と言えます。

02 朝の健康観察

朝は、健康観察も重要です。健康チェックカードを提出させている学校もあるでしょう。体調変化に早めに気づくためにも大切なことです。
また、3年生では、進路選択で悩んだり自信を失ったりしている生徒も現れます。心と体は密接に結びついていますので、ちょっとした表情の変化、言葉遣いや態度の変化、体調を崩していないかなどに目配りすることも、朝の会でしたいことです。

■スピーチのお題の具体例

[いまハマっていること]

生徒の実生活が浮かび上がってくることが多いので生徒を知るために有効です。中1、中2とスピーチは経験してきていることが多いものの、まだ人前で話すことに抵抗をもつ生徒も少なくありません。自分の好きなことを話すことで、伝える喜びを体感してもらえたら何よりですし、人は好きなことを語ることで心を開くので、オススメのお題です。

[好きな○○トップ3]

何のトップ3かは自分で決めてもらいます。

「好きな教科トップ3」「好きなアーティストトップ3」「お気に入りYouTubeトップ3」なんでもよいです。

最後に、No. 1の発表をすると盛り上がります。

[世の中（大人）に言いたいこと]

これも生徒に人気のお題です。日頃言いたいけど言えない、そんな本音が飛び出してきます。担任の懐の深さが発揮できるチャンスでもあります。

[最近出会った素敵なこと、人]

ネガティブに捉える生徒に特にオススメしたいです。まず担任が例を示してあげるとそれに続いて活気ある話題につながることが多いです。

03 帰りの会

帰りの会では、にぎやかなクラスの場合、1分ほど黙想するなどして心をしずめる時間を設けましょう。落ち着いているクラスならスピーチから始めてもよいでしょう。

中3は部活や委員会で学校の中心となる存在なので、放課後の活動に気持ちも行きがちですが、進路にまつわる重要なお知らせをすることも多いので、しっかりメモも取らせましょう。特に保護者への連絡事項は念入りに伝える必要があります。

04 信頼関係の築き方

人と人との間で大切なのが「信頼関係」だということは誰もがわかっていることです。そしてそれを築くのは一朝一夕では無理だ、難しいと思われがちですが、案外一瞬で生まれることもあります。それは「何か」があった時です。

「何か」は面倒なことの場合が多いですが、そういう時こそ教師の本領発揮のチャンスでもあります。感覚的に人を見抜く目を持つ中学生に対して、大人である教師は、一人の人間として尊重して接するのです。その姿勢は間違いなく伝わります。信頼関係も築かれます。

食物アレルギー 対応

めあて

▶ねらい

食物アレルギーに関する指導は、保健指導や安全指導、食に関する指導と関連付けて行い、すべての生徒が安心して学校生活を送れるように理解を深め、いざという時に対応できるようにします。

▶指導のポイント

アレルギー疾患の生徒への取り組みを進めるにあたっては、個々の症状などの特徴を正しく把握することが前提となります。「学校生活管理指導表」などを用いて学校全体の組織的な取り組みとしましょう。また、他の生徒からの理解を得ながら進めていくことも重要です。その際、他の生徒等に対してどのような説明をするかは、発達の段階などを総合的に判断し、当事者である生徒や保護者の意向を踏まえて決定するようにしましょう。

アンケート結果

体調不良になる原因として
考えられるものは?
・睡眠不足　・病気
・熱中症　　・ストレス
・アレルギー
・ぜんそく
・アトピー性皮膚炎
・花粉症
・食物アレルギー

指導の留意点

 01 対象生徒への個別指導

保健指導（養護教諭と連携）
〇対象生徒の疾患への理解度を把握
〇給食時のシミュレーション
　・トレイや食器　・除去食
　・給食当番　　・喫食の際の注意点
　・アレルギー対応確認書
　・準備と後片付け　・座席の位置　等
〇給食以外で配慮が必要な時を確認
　・宿泊学習　・修学旅行　・部活動
　・食材を扱う授業や活動など
〇アレルギー反応への対処方法を確認
　・エピペンや内服薬の保管場所
　・違和感を感じた時のSOS

栄養指導（栄養教諭と連携）
〇バランスのよい食生活
　・除去食などの場合、摂取できる栄養素に偏りが
　　生じることへの理解
〇自立した食生活
　・生涯にわたる食習慣の形成につながる調理の工夫
　・食材の選定などを考える
〇ストレスの緩和
　・周りの生徒と異なる食事をとることで心理的な
　　負担がかからないように相談にのる

※対象生徒が高等学校に進学する場合には、保護者の了承を得て進学先に引き継ぐことが必要。

修学旅行で体調不良になる原因と
その対処方法を考えよう

緊急性が高いアレルギー症状

【全身】
□ぐったり
□意識もうろう
□脈が触れにくい
□唇や爪が青白い

【呼吸器】
□喉や胸が苦しい
□声がかすれる
□咳が続く
□荒い呼吸

【消化器】
□激しい腹痛
□嘔吐

友達が急変!どうする?

・先生を呼ぶ　・横にする
・救急バッグ　・エピペン
・薬　・AED　など

自分ができることを考えよう

02　全体への指導

学級、学年での指導

　食物アレルギーをもつ生徒が安心して楽しい学校生活を送ることができるよう、適切な場面や機会を捉えて周りの生徒の理解を得られるように指導します。いじめや中傷の原因とならないように配慮しましょう。

○アレルギー疾患の理解／啓発
　・食物アレルギーは好き嫌いやわがままではなく、生命に関わる疾患であることの理解
○修学旅行／調理実習などの事前指導
　・食事やおやつについて
　・症状が出た時の対応について
○食物アレルギーの友人に対してできること
　・配慮すること　・楽しい食事にするための工夫

部活動等での指導

　部活動において、遠征や合宿など食事する場面を含む活動では、食物アレルギーへの対応が必要です。学級・学年だけでなく、同じ活動をする生徒同士が理解しておくことも大切なことです。

○お弁当／差し入れについて
　・制限があることを事前に指導しておく
○アレルギーと運動の関係について
　・食後の運動に制限がある場合もある
○症状が出た時の対応について
　・エピペンや内服薬の保管場所
　・違和感を感じた時に知らせること
　・役割分担などの共通理解

リーダーシップ・フォロワーシップ

▶ねらい

　生徒たちの力で、学級や学校の課題を解決できる自治的な集団へと育てていくにはリーダーの存在は欠かせません。全員が輪番でリーダーになるためにリーダーシップ、フォロワーシップを育てます。

▶指導のポイント

　3年生は、学校生活の中で、委員長や部長、縦割りの長や班長など、リーダーになる機会が多くあります。

　これからの変化の大きい時代を生き抜くためには、場面に応じて、自発的なリーダーが必要です。よいリーダーになるには、リーダーシップだけでなく、フォロワーシップもともに育てていく必要があります。

▶リーダー

　リーダーとは、目的に到達するために、周囲を導く人のことを言いますが、時代とともに求められるリーダー像は変化しています。

　昔のリーダーは、皆に指示を出し、全体のトップとしてリードしていました。現在のリーダーは、多様性の時代に伴い、その在り方も多様化しており、今は、誰もがリーダーになる全員リーダーという考えも注目されています。普遍的なリーダーの資質として次のことが挙げられます。

[リーダーの資質]

責任感がある：「責任」がある仕事を通して、責任「感」が育まれる

情熱がある：すべての事柄の原動力

正しい考え方（信念）がある：情熱があっても進むべき方向が間違っていたら目的を達成できない

言葉の中に愛がある：人に発する言葉（行動）には愛と責任感があることが大切

「利己」ではなく、「利他」のために動ける：皆のためにという奉仕の精神が必要

指導の留意点

01 リーダーシップを育てる

　まずは、学級担任が**普遍的なリーダーの資質**を生徒に伝えます。そして、場面リーダー制を取り入れ、班長・パートリーダーなどの責任感をもたせる機会を全員に設けます。

　そして、活動を行う際には、全体のことを考え、メンバーが気持ちよく取り組めるように励まします。活動が終わったら必ず、仕事の振り返りを行い、多くのよい点と一つの課題を伝え、次へのステップアップの道筋を示すようにします。

　生徒の主体性を育てていくためには、常に「あなたならどうする？」「どのような解決方法がある？」と問いかけます。正解は一つではなく、様々な正解があります。そのことを知れば、一人一人の意見を大切にすることができるようになります。

02 フォロワーシップを育てる

　フォロワーシップとは、チームの成果を最大化させるために、積極的かつ主体的にリーダー、他の生徒、教師などに働きかけ支援することです。ですから、フォロワーシップがなければリーダーがどれだけが頑張ってもチームはうまく機能しません。フォロワーシップを育てるために、生徒が次のことをできるようにしていきましょう。

・自ら問題を発見して、リーダーや担任に問題が起きていることを伝えることができる。
・クラスの問題に対して、主体的に問題の解決方法を考えて、提案することができる。
・問題を解決するために必要なものを考え、行動することができる。

■令和の時代に求められるリーダー像

これまでのリーダー
牽引型リーダー

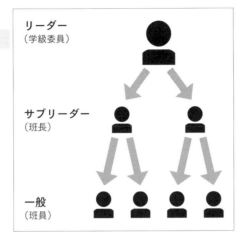

左記の学級では、上から下への迅速な意思決定によるスピードがメリットとして挙げることができ、リーダーの信頼が厚いほど、一体感のある学級になります。しかし、デメリットとしてリーダーが意思決定を間違えてしまうと、大きな打撃につながります。そして、指示待ちの人が増えてしまうのです。

これからのリーダー
包括型リーダー

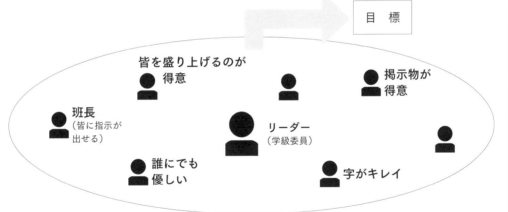

　一人一人がもつ個性や長所を目標に向かってそれぞれ必要な場で発揮します。そのコーディネートをするのがリーダーの仕事。つまり、リーダーが率先して仕事をするのではなく、皆が適材適所の場で活動できているかのチェック、期限やクオリティーのチェック、人間関係の不満の改善を行うのです。メリットは、それぞれの活躍する場所ができ、自分で考え、行動できるようになること。そして、クラス全員が自分の所属しているクラスが楽しくなり、満足感や充実感をもつことにつながります。

　求められるリーダーの資質は、コミュニケーション能力とも言えるのです。

5月 自主的で意欲的な活動をめざす 5月

▶ 5月の目標

　5月は諸活動が活発になってくる反面、気のゆるみも出始めます。主体的なルールづくりを通して規範意識を高めながら、個人や学級集団としての目標が計画に沿っているかどうかを検討する必要があります。具体的な改善への手立てを工夫できるように適切な指導を行いましょう。

5月の学級経営を充実させるために

係や班活動では

　新しい学級にも慣れてくる頃です。係や班の活動、学級プログラム委員会（企画案等を作成する学級組織）の活動を早く軌道にのせていく必要があります。また、「朝の会」「帰りの会」のプログラムを工夫し、生徒主体の活動となるようにしていきます。学級の全員が責任と喜びを感じられるような活動となるようにしていきましょう。

修学旅行では

　5月には修学旅行が行われる学校が多くあります。生徒一人一人が主体的に修学旅行に参加できるように、生徒が修学旅行の目標を設定し、学級内で同じテーマをもつ生徒によるテーマ別班行動を行う「計画・立案」を考えたり、決まりを生徒で決めたりするなど「自主的・自律的・自治的」な活動となるように指導していきましょう。

進路指導では

　5月頃になると進路の目標も明確になり自分の学力も客観的に判断できるようになってきます。また、緊張感や期待感と同時に焦りや不安を感じる時期になります。悩みの解決や進路目標を設定させながら自己実現が図れるよう支援していきます。進路を考える上でも大切な中間テストも行われます。落ち着いた学習環境をつくり、家庭学習も計画的に行うことができるように助言しましょう。

● 5月の学級経営の三本柱

① 係活動等を充実させる。
② 生徒主体の思い出に残る修学旅行となるようにしていく。
③ 1年間の見通しをもった進路指導を行う。

注意事項

　5月は月初めに連休があります。連休で生活リズムを乱したり、体調を崩したりする生徒も出てくることが予想されます。事前指導を十分行い、生活プランをしっかりもたせることが大切です。

学級プログラム委員会

　学級プログラム委員会は、「班長会」「学級運営委員会」「学級企画会」などの名称のこともあると思います。この会は「学級会」「朝の会」「帰りの会」での議案を決めたり、学級会の週計画案・月計画案・年間計画案を作成したりする委員会です。また、学級会で決まったことの細案や実施案を作成したり、各係の連絡調整を行ったりもします。委員会のメンバーは議長（１）、副議長（１）、書記（１）、会計（１）、学級委員（２）、班長（６）の12名（学級の３分の１程度の人数）としています。

▶ねらい

　学級プログラム委員会の設置は、生徒の自主的な活動の機会や場面をできるだけ多く設定しあらゆる場面で工夫をこらして、育成・支援していくことをねらいとしています。

▶活動例

　学級プログラム委員会で検討した学級会の議案を議題として取り上げることで学級会の進行や学級活動が効率的に行われるようになったり、学級プログラム委員となることで学級内でのリーダーの育成につながったりします。

●学級プログラム委員会の仕事

① 議題を収集し、整理して学級会の議案を決める。

②「朝の会」などで学級全体にはかり、学級会の議題を決める。

③ 学級会の進め方の打ち合わせを行い、どのように審議するか相談する。

④ 議事について検討し、学級活動がスムーズに進むようにする。

⑤ 審議に必要な資料を用意する。

⑥ 学級から一任されたり、依頼されたりしたことを処理する。（学級で大綱だけ決め、細案や実施案を学級プログラム委員会に任せる。）

⑦ 朝の会、帰りの会、学級会の週計画・月計画・年間計画を立てる。

⑧ 各係の連絡調整を行う。など

●諸組織との関連

▶活動後のポイント

　決めるのが難しい席決めは、学級プログラム委員会で検討し原案を作成し学級会に提案していきます。また、「修学旅行の部屋割り」や「合唱コンクールの自由曲決め」も学級プログラム委員会で原案を作成し学級会に提案していくこともあります。

体育祭

▶ねらい

中学校最後の体育祭は生徒の思い入れも強いです。勝っても負けてもよい思いをして終わるのが理想です。そのために一人一人ができることを確認していきます。

▶指導のポイント

体育祭は、学校全体の行事ですが、中学3年生となると話は別です。体育祭実行委員や係の仕事で多くの生徒がリーダーとして活動します。それに加えて、3年生のクラスは応援団の親クラスとしての役割もあります。応援合戦の内容を一から考えなければなりません。学校によってはチームカラーを基調とした絵や横断幕を作成することもあります。どうやってクラス全員を巻き込むかが、担任として最大のテーマにもなります。

▶1・2年の担任との連携

体育祭のチームは、縦割りで組む学校が多いようです。1・2年生のクラス担任との連携も重要ポイントです。余裕が持てずに、いろいろと抱え込んでしまう状況がたくさんあります。もちろん、3年生の担任が中心とはなりますが、お願いできる部分は甘えさせてもらったり、相談に乗ってもらったりしましょう。

［1・2年の担任にお願いできること］
・応援練習に必要なものの準備
・写真/ビデオ撮影
・1，2年のクラスに声かけ
・朝や放課後の応援団の活動の連絡

［3年の担任として1，2年生にできること］
・1，2年生の良かった点を伝える
・当日への意気込みを伝える

体育祭の担任の役割

01 応援団を組織する

中学最後の体育祭ということで、団長をやりたい、応援団をやりたい、という思いを生徒はもっています。クラスの誰が応援団になるというより、全員が応援団を中心に動けるような組織づくりが重要となります。

応援団長
応援団
応援団以外の3年
応援団以外の1・2年

02 応援団以外の生徒を動かす

練習も半ばになってくると、行き詰まりを感じることが多くあります。指示が通らず、リーダーである団長や応援団がイライラしてくることも考えられます。生徒は素直ですから、そんな時「ちゃんとやれ」とか「声を出せ」など、ストレートに物事を言いがちです。そのような状態で応援練習を続けると、もちろんチームの雰囲気も悪くなります。

ここでポイントとなってくるのが、応援団ではない生徒です。内気な後輩と話すのが得意な子、先回りして物事を考えられる子、などに担任が声をかけて（生徒経由も可）役割を与えたり、「どうしたらいいかなぁ」と相談をしたりすることで、クラス全員が何らかの形で応援に関わっていくのが理想的です。

■体育際に向けて担任ができること

[担任間の連携]
・同じチームの1、2年生の担任と、段取りを細かく打ち合わせしたり、応援練習の準備を相談できるとよいでしょう。

[応援の練習]
・団長を中心にチームが動いているか、雰囲気が悪くなっていないかを、教師の目線で見守りましょう。

[生徒のケア]
・生徒から不平不満が出てきやすい時期です。アドバイスの前に、話を聞くことを意識しましょう。

03 応援団以外のチーム活動

学校によっては体育祭チームで応援団以外の活動があることもあります。応援団の活動に集中しがちですが、チームで動くのであれば、応援団以外の活動をしている生徒に声をかけるのも担任として大事な仕事です。その一言があるから、頑張れる生徒もいます。

チームの応援幕を作成している様子

04 担任のスタンス

体育祭に向けて生徒が一丸となって頑張っていたとしても、集団での活動においては、時には不平不満も出てきます。

子どもや年下の人が困っていると、人は、ついついアドバイスをしてしまいがちです。もちろん、心配な生徒に、担任として声をかける必要はあるのですが、教員と生徒という関係上、アドバイスが素直に受け取れなかったり、叱られている気分になってしまう生徒もいます。

担任としては、かなり我慢を強いられる状況ではありますが、体育祭前の軽微な不満への対応は、生徒の話を聞くことに徹することが大切です。

教育相談

▶ ねらい

　一人一人の生徒が抱えている問題について理解し、生徒自身または保護者が、望ましい在り方について考えたり、見つけたりすることができるように援助します。

▶ 指導のポイント

　教育相談はすべての教師にとって大切な仕事です。あらゆる機会を促え、あらゆる教育活動の実践の中で、教育的配慮をしていくことが大切です。方法としては、1対1の相談活動に限定することではなく、また、特定の教員だけが、相談室だけで行うものではありません。

　生徒のそれぞれの発達の段階に即して、好ましい人間関係を育て、生活によく適応し、自己理解を深め、人格の成長につなげられるようにします。

［ガイダンス］

教室などで全員に向けて行います。

［カウンセリング］

　生徒の様子を見て、じっくり話す必要があると感じたときは、2人で話せる場所と時間をとりましょう。放課後の教室や、教育相談室、（養護教諭の了解を得て）保健室などが考えられま。ただし、異性の生徒の場合は、ドアは必ず開けておくようにしましょう。

指導の留意点

01 早く見つけて早く解決

　学級担任が行う教育相談のよさとしては、担任は、生徒と同じ学校という場で生活しているため、いつでも様子を見ることができるということです。また、家庭環境や成績などの多くの情報を得ることもできます。外部の専門機関のように本人や保護者がわざわざ来るのを待っていなくても、毎日顔を合わせるので、意識していれば、日常の小さなサインを見つけてすぐに対応し、深刻な状況になる前に対応することができるのです。しかし、一緒にいても意識しないと見えてきません。

　「おや？　いつもとちょっと違う」と感じ取ることができる感覚をもつことが、早期発見、早期解決につながります。

02 豊富な人材と連携して

　学校には、学級担任をはじめ、教育相談担当、養護教諭、生徒指導担当、スクールカウンセラーなど様々な立場の教員がいます。また、部活動の顧問は、日常的な関わりが可能です。また、スクールソーシャルワーカーといった外部人材も配置され始め、社会福祉的な視点からの見立てや支援も可能になっています。

　また、様々な立場の教員と連携して、対応することで、効果をあげることができます。校内の連携だけではなく、外部との連絡も大切です。相談機関、医療機関、児童相談所等の福祉機関、警察等の行政機関との連携は、いくつもの原因が絡み合った困難な問題の解決には欠かすことができません。

▶ ガイダンスとカウンセリング

学習指導要領第5章の第3の2の（3）で、次のように示されています。

"学校生活への適応や人間関係の形成、進路の選択などについては、主に集団の場面で必要な指導や援助を行うガイダンスと、個々の生徒の多様な実態を踏まえ、一人一人が抱える課題に個別に対応した指導を行うカウンセリング（教育相談を含む。）の双方の趣旨を踏まえて指導を行うこと。特に入学当初においては、個々の生徒が学校生活に適応するとともに、希望や目標をもって生活をできるよう工夫すること。あわせて、生徒の家庭との連絡を密にすること。"

カウンセリングと言っても、学級担任が行うカウンセリングは、面接や面談の場に限ったものではなく、意図をもった声かけや、日常的な対話も含まれます。

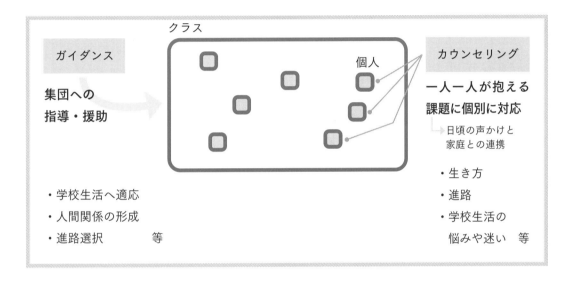

03 要因を見抜く技術

学級担任として教育相談を行う際にも、人間的な温かみや受容的な態度が成熟しているという人格的な資質と、実践に裏付けられたアセスメントなどの知識と技術の両面が大切です。

アセスメントとは、「見立て」とも言われ、解決すべき問題や課題のある事柄、関係者からの情報などを分析して、生徒の行動の背景や要因を明らかにすることです。例えば、自傷行為には、思春期の心理、発達の課題、人間関係、虐待や薬物の影響など、様々な要因が考えられます。要因によって対応方法は変わってきますので、それを明らかにする必要があるのです。

04 教育相談を成り立たせるポイント

あらゆる場面においての教育相談を成り立たせるためには次のような点に留意しましょう。
・日常の信頼関係が基本
・他の生徒からその生徒が不審に思われないようなタイミング
・その場で結論を出そうとしない。先生は自分のことを心配してくれている、と感じてくれるだけで十分
・普段から気軽に声をかける
・後のフォローを忘れない

生徒への共感的立場で理解を図り、対応を考えます。

生徒総会

▶ねらい

生徒総会は全校生徒が自分たちの学校生活を向上させるための目標や行動を確認する場です。生徒会の一員であることを自覚させ、連帯感や所属感をもたせるために行います。

▶指導のポイント

生徒全員が生徒会の一員であることを自覚させ、各委員会や部活動などがどのように活動しているのかを確認させます。また、各家庭から徴収している生徒会費が正しく使われているかを確認することは、社会全体でも行われていることとも重なる重要なことです。各委員会などの活動や予算の使い道を学級活動を通して、生徒一人一人がしっかりと考えた上で生徒総会に参加させることがポイントです。

▶主な生徒総会の議事

[生徒会年間活動方針の確認と振り返り]

年度はじめの生徒総会では、年間の活動方針について確認を行います。年度の終わりには、年度はじめに確認した方針などに対しての活動報告を行います。

[活動する団体の年間活動方針確認と振り返り]

委員会や部活動も年間活動方針について確認し、年度の終わりには活動報告を行います。部活動については大会の記録の報告なども併せて行います。

[生徒会予算案の確認と決算の振り返り]

生徒会費が委員会や部活動でどのように使われているかを確認します。また、申請した予算が目的に応じた形で使われているかの確認も行います。

[年間活動目標の決定と振り返り]

1年間の活動目標を全校生徒の投票で決定します。各学級から提案された案を全体に示し、投票して決定することが多いです。

生徒総会の流れ

01 生徒総会準備

各委員会の委員長や学級委員などが中心となって、生徒総会に使用される年間活動計画書を作成します。計画書の内容については、各委員会で内容を検討し、担当の先生に確認してもらい、締め切りを守り提出できるように指導します。

02 ミニ生徒総会

学級で事前に生徒総会の冊子を読み合わせ、内容について検討することがミニ生徒総会です。生徒総会を実施するねらいや目的を改めて確認を行う場でもあります。議事についての疑問などがないかを確認し、生徒総会に各学級から提案します。

学級目標とその設定理由				
3 年 1 組	学級委員		代議員	
担任　　　先生				
学級目標	ドラえもん ～未来へ向かって進もう～			
設定理由	青ブロックにちなんで青色のキャラクターであるドラえもんで、担任の先生のお名前が「未来」なので未来へ向かって進もうという意味です。			

■生徒総会の整列・座り方

・生徒総会で全校が集合する際は、全員に指示が通るように、私語をしないよう指導します。

・クラスを整列させるときは、生徒会学級委員など、リーダーとなる生徒が中心となって全体を動かすとよいです。

・背の順は後方まで見通せるメリットがありますが、スムーズに整列させるためにも出席番号順で整列しましょう。

・2列にする場合は、出席番号の20番など中間から2列目にします。男女で列を分けるのは、男女平等の観点から好ましくありません。

03 生徒総会

　生徒総会に参加する生徒は、学級で実施したミニ生徒総会の内容を踏まえ、生徒会の一員という自覚と責任をもたせ、参加できるように指導します。また、委員長や部長として参加する生徒には、全校生徒に報告する内容が伝わるよう事前の指導も必要です。

04 その後の生活

　活動団体を含め、全校生徒が生徒総会で確認された活動目標などを意識して学校生活が送れているのかがポイントとなります。生徒議会などで定期的に振り返り話し合いをします。生徒議会での振り返りを受けて、クラスで活動のチェックを行いましょう。

席替え

▶ねらい

生徒にとって、席替えは学校生活を左右するくらい大きなものです。特に、進路を控えた3年生は授業をしっかり受けたいという思いがあるので、丁寧な配慮が必要です。

▶指導のポイント

席替えをする上でのポイントは、授業に集中できる環境をつくることです。生徒が授業に集中できる席をつくるためには、視力などの身体的な配慮、人間関係の配慮、そして、支援を必要とする生徒への配慮が必要となります。

3年生になると、生徒たちはお互いがどんな人かわかってきます。ですから、生徒たちの力で、視力や人間関係に配慮しながら席を決められます。しかし、支援を要する生徒への配慮の最終確認は担任が行うべきです。

▶席替えの方法例と頻度

[くじ引き]

くじを用意すればよいだけなので準備は楽です。前の方の席や男女の位置などを別にして置く必要があります。人間関係の配慮がしづらいのが難点です。

[クラス全体で話し合い]

クラス全員の意見を生かせますが、全員が参加する分、時間がかかります。

[班長が決める]

班長に負担はかかりますが、生徒たちが視力や人間関係を気をつけながら決められるので、担任としては安心感があります。いずれの決め方を取ったとしても、最終的に担任のチェックが必要です。

また、3年生は定期試験や面談、修学旅行など、意外に忙しい上に、受験が終わるとすぐに卒業式をむかえます。5月・夏休み後・年末辺りの年3回できたらよい方かもしれません。

配慮のポイント

01 身体的配慮

黒板が見えるように、視力が弱ければ前の方、後ろの席の生徒が見えないくらい背の高い生徒であれば、廊下側や窓側がよいと思います。視力に関しては、2列目まで大丈夫、3列目までならOKと個人差がありますので1回目の席替えで調査しておくと便利です。

【席替え視力アンケート】

どちらかに○をしてください。

□目が悪いから前の方（＿列目までならOK）

□どこでもOK

---

02 人間関係の配慮

相性が悪い生徒は離すべきです。周りの生徒に話しかけたくなってしまう生徒に関しては配慮が必要です。特定の話しかける相手が　いるのか、相手が誰であれ話しかけてしまうのか、を見極める必要があります。どちらなのかは、生徒はよく把握しています。

座席の配慮の例

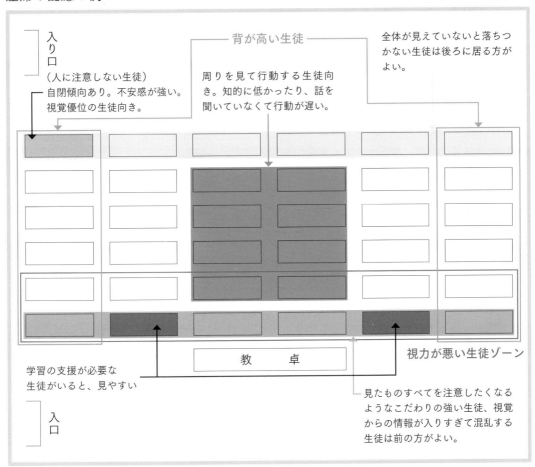

入り口

（人に注意しない生徒）
自閉傾向あり。不安感が強い。
視覚優位の生徒向き。

背が高い生徒

周りを見て行動する生徒向き。知的に低かったり、話を聞いていなくて行動が遅い。

全体が見えていないと落ちつかない生徒は後ろに居る方がよい。

教　　卓

視力が悪い生徒ゾーン

学習の支援が必要な
生徒がいると、見やすい

入口

見たものすべてを注意したくなるようなこだわりの強い生徒、視覚からの情報が入りすぎて混乱する生徒は前の方がよい。

03 支援の必要な生徒への配慮

　支援学級の生徒が交流学級の教室で授業を受ける場合、すべての授業は受けないケースも出てきます。ペアワークをするような授業に参加しない生徒だった場合は、その席が空席になりますから、ペアワークの相手を先に決めておくと生徒も安心して授業が受けられます。

　不安感が高く、教室に入る時に緊張してしまいがちな生徒は、入り口の近くの席だと入りやすいです。

　教卓の斜め前の席は、教員が授業中にノートや進捗状況をのぞきやすい位置です。日本語支援の必要な外国につながる生徒をはじめ、学習支援の必要な生徒がそこにいると、授業中にフォローしやすいです。

04 視聴覚情報に配慮した配席

　目に入るすべての行動を「それはいけません」と注意したくなってしまう生徒や、視覚からの情報が入りすぎると混乱してしまう生徒は一番前の席の方が安定します。

　逆に、後ろから聞こえる声が気になってしまう生徒は、キョロキョロしたり、後ろを向きがちなので、一番後ろに座らせると安定します。

　音に敏感な生徒の隣に騒ぐ生徒を配置すれば人間関係は悪くなりますし、外からの音に反応して、ついつい窓の外を見てしまいます。

　指示が入りにくく、周りを見て行動する生徒が一番前にいるとお手本になる生徒がいなくて困ります。中央にいるとお手本となる生徒が複数見える状態になるので、スムーズに行動できるでしょう。

情報モラル教育

▶ねらい

　自分や他者の権利を尊重し、情報社会での行動に責任をもつことや、情報を正しく安全に利用できること、コンピュータなどの情報機器の使用による健康への影響を理解できるようにします。

▶指導のポイント

　生まれた時からインターネットが身近にあるいわゆる「デジタルネイティブ」世代にとっては、インターネットは、ツールではなく「ライフライン」として欠くことのできない大切なものとなっています。しかし、インターネットを使った新たな人権侵害事案や犯罪、健康が脅かされている現実もあります。ルールやマナーを身に付け豊かな人権感覚をもって、情報発信できるようにします。

▶情報モラルとは

　学習指導要領では、「情報社会で適正な活動を行うための基になる考え方と態度」を「情報モラル」と定め、各教科の指導の中で身に付けさせることとしています。

教師・保護者

生徒

○新しいメディアによる
コミュニケーションを導入

○新しいメディアがわからない
○子どもの行動がわからない

・教師が適切な指導をできない

・生徒自身が判断して行動できる
　力と判断力を育てることが必要

・情報モラル教育が必要

指導の留意点

01 情報化に関わる課題

　情報社会の進展が急速に進む中で、スマートフォンのメールやメッセージアプリによるネットいじめやSNS、ネット売買の利用などによる様々な問題が多発しています。

　インターネット等を使ったコミュニケーションは、人と人が対面で接するコミュニケーションとは違います。会話であればその場で話したことは記憶にのみ残り、記録には残りませんが、インターネットを介したコミュニケーションの場合、記録として保存され、簡単に削除することができない可能性があります。基本的な情報モラルをもち合わせていないために大きな事件に巻き込まれる場合もあります。このような情報社会の進展とともに変化する特性を教員自身が理解し、生徒に指導することが必要です。

02 中学校の段階で育てたいこと

　中学生の情報モラルに関することでよく問題になるのは、著作権、個人情報に関わることです。次のことができるように育てていきましょう。
・情報に関する自分や他者の権利を理解し尊重する
・情報社会のルール／法律を知り、順守する
・情報に関する危険を予測し被害を予防する
・情報を正しく安全に活用するための知識や技術を身に付ける
・自他の安全や健康を害するような行動を制御できる
・情報セキュリティに関する基礎的基本的な知識を身に付け、対策／対応がとれる
・情報社会の一員として公共的な意識をもち、適切に判断し行動できる

▶インターネット依存のスクリーニングテスト

Q1. 気が付くと思ったより、長い時間インターネットをしていたことがありますか？
Q2. インターネットをする時間をふやすために、家庭での仕事や役割をおろそかにすることがありますか？
Q3. 家族や友人と過ごすより、インターネットを選ぶことがありますか？
Q4. インターネットで新しい仲間をつくることがありますか？
Q5. インターネットをする時間についてまわりの人から文句を言われたことがありますか？
Q6. インターネットをしている時間が長くて、学校の成績や学業に支障をきたすことがありますか？
Q7. 他にやらないとならないことがあっても、まず先に電子メールをチェックすることがありますか？
Q8. インターネットのために学習の能率や成果が下がったことがありますか？
Q9. 人にインターネットで何をしているのかと聞かれた時隠そうとしたことがどのくらいありますか？
Q10. 日々の生活の心配事から心をそらすためにインターネットでこころを鎮めることがありますか？
Q11. 次にインターネットをするときのことを考えている自分に気づくことがありますか？
Q12. インターネットのない生活は退屈でむなしく、つまらないものだろうと思うと恐ろしく思うことがありますか？
Q13. インターネットをしている最中に誰かに邪魔されたり、いらいらしたり、怒ったり大声を出したりすることがありますか？
Q14. 睡眠時間をけずって、深夜までインターネットをすることがありますか？
⋮

これは「インターネット依存」の概念を提唱したアメリカのキンバリー・ヤングのスクリーニングテストです。20項目の質問に対して5段階で回答します。心も体も未完の中学生がネット依存にならないように、上記の点に生徒自身が気を付けるようにすることが大切です。

情報モラル教育についても、家庭を巻き込むことは大切です。懇談会や「学校便り」等で、保護者にも知らせるとよいでしょう。

03 実際の指導方法

GIGAスクール構想により、生徒は一人1台のタブレットなどが使えるようになっています。実際にコンピュータを使って体験的に学ばせることや、ビデオやアニメーションなどを活用して理解させることができます。

学校・家庭・地域が一体となり、学校主催のオープンスクールやPTA主催の総会や各委員会での勉強会、地域の家庭教育講座や教育委員会主催の研修会などで、定期的に情報モラルの専門指導員から最新情報を得る講演会や端末機器の実演講習会が考えられます。NPO団体や携帯電話事業者、警察などの出前講座を利用することも可能です。さらに文部科学省のHPやSNSの企業が出しているパンフレットなども使いやすいものがあります。

04 対処方法についても教える

まずは、生徒の使用実態を把握し、トラブルが起きた際の解決方法や対応策を学びます。犯罪者や被害者にならないためにも、著作権法、個人情報に関する法令やその他インターネットに関する法律（個人情報保護法、サイバーセキュリティ基本法）の知識を踏まえた上での指導や生徒のインターネット上の問題の対処については、予防のための対処方法と、事後の対処方法がありますが、両方についての指導が必要です。情報モラル教育は、予防のために行いますが、**問題が起きた場合の対処方法**（相談窓口、有害・誹謗中傷書き込みの削除依頼方法、発信者開示請求の方法、心のケアの必要性）についても指導しておきましょう。

学級の諸問題についての解決策や自分の在り方について考える6月

▸ 6月の目標

　体育祭や修学旅行などの行事への取り組みを通して3年生の自覚と生徒同士の人間関係も深まってきますが、何となく学級での生活において落ち着きにかける場面が見られるようにもなります。また、進路に悩み、自己中心的な行動をとる生徒も一部見られます。そこで、学級での生活を振り返り、常に向上心をもって日々の学級生活を送れるように意識を高めていきましょう。

6月の学級経営を充実させるために

様々な活動を通して人間関係づくり

　様々な活動を通して、生徒が他者と関わりの中でよさを発揮し合い、協力し合いながら自己と他者との人間関係づくりを行っていくことが大切です。個性を伸ばし、よりよい生活を築こうとする態度を育てていくようにしましょう。

学級集団の課題解決

　学級集団にある課題や問題を自分のことと捉え、改善し向上していこうとする心を育ていきましょう。そのためには、生徒個々のもつ能力を十分に発揮させる場を設定し、正しい問題解決の方法や態度を学んでいく機会を設けていき、決定したことは着実に遂行させるようにします。

計画的な学習の積み重ね

　進路目標実現のために学級生活の充実を図り、計画的な学習を積み重ねていけるように意識を高めていく必要があります。一人一人が効果的に学習し、学習意欲を高めていくためには学級集団（学級全体）としての取り組みが大切になってきます。班での学習方法を考えさせるようにしましょう。

● **6月の学級経営の三本柱**

　① 学級の諸問題についての解決策や自分の在り方について考えさせる。
　② 様々な活動を通して共感的な人間関係を築いていく。
　③ 学習意欲を高めるために、学級全体として学習に取り組む場を設定し、充実を図るようにしていく。

注意事項

　梅雨時にどのように学校生活を送ったらよいのか、生徒に考えさせましょう。どうしても屋内での活動が多くなります。事故が起きないように落ち着いた生活を送るように指導する必要があります。

班活動を見直そう

この実践は、日頃の班活動を見直すことにより現状に気づき、学級や班がどのような集団でどうあるべきかを考えさせるものです。また、自分の居場所を確認しながら協力性や自主性、自治性を養い学級、班への所属感をもたせていくようにします。

▶ねらい：学級会を行い、学級・班への所属感を持たせる

生徒一人一人が自主的・自治的な活動を通し、他者の意見や考えを尊重していく中で仲間を大切にする心や寛容な心を育て、人間的なつながりを深め、所属感や存在感を持たせていきたいと思います。そして、学級の諸問題についての解決策や自分の在り方について考えさせるようにします。

▶活動例

班の人間関係や日常生活、班員としての役割なども含め、班の現状の改善策について話し合います。

●学級会前の取り組み

① 班長会議で話し合われた内容を学級委員がクラスに報告
② 班の現状に対するアンケートを学級プログラム委員会（班長会）が作成
　　・班の人間関係や班での係活動の様子について
　　・自分たちの集団をどのようにしたいのか
③ アンケートの結果を集計
④ 各班の現状を理解する
⑤ アンケート結果から班について考える

●学級会を開く

〈議事〉
① 本会議の趣旨と提案された案の確認
② 意見表明
③ 質疑応答、反対意見表明
④ 案の整理　意見表明
⑤ ①～④を踏まえた最終意見表明
⑥ 議決
⑦ 書記から

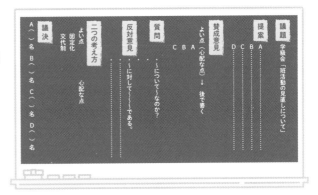

●事後の取り組み

一人一人が班、学級の一員であることを意識し、自分の班、係に責任をもてるように促していきます。そして、しっかりとした具体的な目標を考えさせていきます。

▶活動後のポイント

次回も充実した話し合い活動が行われるように学級会の活性化を図っていきましょう。生徒一人一人の考えや思いを大切にし、諸活動を行う際のベースとなる話し合い活動をさらに充実させます。

定期テスト

▶ねらい

　高校受験に必要な内申点は2学期までが勝負。部活動が終わり、これからやっと本腰を入れて勉強しようと思っている生徒が、このテストを弾みにできるようにします。

▶指導のポイント

　これまでの定期試験の経験から、自分なりの勉強方法や集中の仕方を身に付けている生徒もいますが、中学1年生から受けてきた定期テストなのに、勉強の仕方がまだわかっていない生徒もいます。この定期テストで努力が点数となって表れれば、その後の入試に向けた勉強にも弾みがつきます。特に勉強の仕方が身に付いていない生徒には、勉強方法を丁寧に指導しましょう。これを機にぐんと伸びることが期待できます。

▶学習を効率よく向上させていくために

　勉強の仕方のポイントをまとめたものを配布し、生徒にやる気を出させるとよいです。

■予習と復習どちらが大切か

　勉強をする上で予習に力を入れた方がよいのか、復習に力を入れた方がよいのか迷ったことはありませんか。先生はあります。結論から言うと、定期テストや入試を見据えた勉強では圧倒的に「復習」の方が大切です。そこをまず押さえていきましょう。

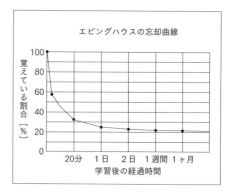

エビングハウスの忘却曲線

指導の留意点

01　勉強の仕方を知る

　勉強の仕方がわからないという生徒は、自分には今、どのような課題があって、それを解決するために、どうしたらよいかわからない状況にあることが多いようです。そのため、計画も立てられず、ただ時間だけが過ぎてしまうという効率の悪い勉強になっているのです。そのような生徒には、教科別に勉強方法を教えます。その際、苦手な科目を克服した友達の勉強方法が参考になることがあります。時間をかけてもなかなか結果に結びつかない生徒の中には、ただ漫然と教科書を読んでいるだけのことがあります。内容によって異なりますが、読むだけのインプットよりも、読んで覚えたことを書いたり声に出したりするアウトプットを重視してみましょう。

02　目標を立てる

　そもそも勉強に対してやる気がない生徒がいます。やる気が出ない原因として、授業の内容がわからない、誘惑が多い、肉体的・精神的に疲れている、目標がない、などが考えられますが、ここでは目標について考えていきます。「とにかく頑張る」「もっと一生懸命頑張る」などの抽象的な目標は、なかなか意欲につながりません。「○○高校に絶対に行きたい」「次のテストでは全科目、85点以上を目指す」など具体的な目標が設定されている方が、やる気が出ます。もっと先の目標がもてるとさらに望ましいですが、中学生にはまず志望校を決めることがよいでしょう。目標が決まるとその過程にある定期テストや実力テストにもやる気をもって取り組むことができます。

■効率のよい勉強方法は

[目標をつくる大切さ]
　人間はやみくもに物事を行ってもよい結果をなかなか得ることができません。目標をもって物事に臨むと達成に近づくという報告もあります。昔に活躍したデカルトは「困難は分割せよ」という言葉を残しています。大きすぎる目標しかないと達成が困難となり、中途半端になってしまいます。そのため大きな目標を達成するための小さな目標を設定することが大切です。

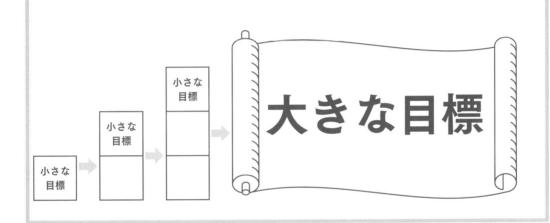

03 環境を整える

　スマホやゲームなど、生徒の周りには興味をひかれるものがたくさんあります。一度見始めたら、なかなかやめられないことも多くあるようです。また、家庭において、勉強に集中できる環境が整っていない場合もあります。両親の不和や兄弟姉妹がにぎやかであるなど、解決が難しいこともありますが、スマホやゲームを手の届くところや視界の中に置かないことや、自分でルールを決めること、机まわりを整理整頓するなど、できる範囲で学習環境を整えるように促します。

　家で落ち着いて学習できない場合は、図書館などを利用することも勧めてみるとよいでしょう。

04 自分の課題を見つける

　定期テストの後、返ってきたテストの点数を見て、一喜一憂して、それだけで終わりにしてしまう生徒がいます。定期テストの解答用紙にこそ、今自分がやらなければならないことや、克服しなければならないことのヒントがあることを伝えましょう。

　間違えたところは①全然理解できていなかったのか　②理解できていたけど忘れていたのか　③理解し覚えていたが、注意不足で答え方が違っていたのか、を振り返るようにします。理解できていなかったところは、きちんと理解し、忘れていたところは覚え直し、注意不足のところは、見直しの習慣をつけるなどして、次のテストに備えるようにします。

修学旅行

▶ねらい

普段と違う環境で自然や文化に親しみ、見聞を広げます。また、宿泊を通じてお互いを尊重した集団生活を送るのもねらいの一つです。

▶指導のポイント

修学旅行は、生徒が楽しみにしている大きな学校行事です。宿泊が伴うことから、安全面や健康面での配慮をする中で、その場でしか体験できない体験学習を取り入れるなど、探究的な学習を進めることも大切な指導のポイントとなります。班行動の行い方や現地の学習活動の計画を立てるなど、特別活動と総合的な学習の時間とを関連させて修学旅行を実施しましょう。

■ 修学旅行 珍事件集

① 伝票に修正テープ事件

修学旅行先から自宅へ荷物を送る際に、伝票を書きます。伝票を書いたことがない生徒が多く、間違えたときに修正ペンや消しゴムを使用してしまったという例もあります。伝票の複写紙は二重線で訂正することなど、大人にとっては当たり前のことも、1つ1つ丁寧に伝えましょう。3年生は自分の住所を書く機会が多くなっていきますので、自分の住所はきちんと覚えておくように伝えましょう。

② 気持ちがハイになりすぎ事件

枕投げを部屋で行い、つい熱くなりすぎて喘息がある子が苦しんでしまうことがあります。さらに障子やふすまを破ってしまうこともあり、宿泊施設に大変な迷惑をかけてしまうこともあります。

③ 新幹線乗り遅れ事件

新幹線は停車時間が短く、きちんと整列しておかないと乗り遅れてしまう生徒が出てきてしまいます。あらかじめ新幹線に乗るときの並び順や座席の位置なども確認させておきましょう。

修学旅行のポイント

01 行程決めと事前学習

班行動で訪れる場所、見学にかかる費用などを見て行程を決めていきます。移動はジャンボタクシーで移動する場合と、電車・バスで移動する場合があり、電車やバスを利用する場合は、運行スケジュールや交通費なども考慮する必要があります。見学する時間や乗り換えにかかる時間も考えた上での行程になるため、事前学習を計画的に実施し、詳細な行動計画の設定が必要になります。

行程を決めた後、実際に見学する場所についての学習を行いますが、資料の用意やインターネットの利用など準備も必要です。班行動中にお土産を買う場所や昼食場所などもしっかりと確認しておきましょう。

02 事前指導と事前準備

生徒への事前指導

修学旅行は学校生活の延長です。学校生活のルールに従い、スマートフォンなどの禁止物については、実行委員会などで話し合い、しっかりとしたルールを作っておきましょう。

担任としての事前準備

生徒の中には喘息や食物アレルギーなどの持病がある生徒もいます。薬の持参や緊急時の対応の仕方など、保護者や養護教諭などとの情報交換は必ずしておきましょう。

また、感染症の対策や、LGBTQなどへ配慮するようにしましょう。

学級通信に載せる行程表の例

修学旅行行動予定

詳しいスケジュールがわからない！ という人がたくさんいたので、ものすごく大雑把ですが、こんな感じです。

6月5日（金）	6月6日（土）	6月7日（日）
品川出発 ↓ 奈良・法隆寺 世界最古の木造建築！ ↓ 唐招提寺 鑑真に会いに行きます。 ↓ 東大寺 鹿がいるでしょう ↓ 京都の宿へ 早寝しましょう。	京都 タクシーによる班行動 夜 漆の絵付け	京都・天龍寺 お庭と雲竜図を見ます。 ↓ 和菓子作り ↓ 北野天満宮 合格祈願をします。 ↓ 帰宅 家に帰るまでが 修学旅行です。

学級通信に載せる行程表は簡易的なもので構いません。

修学旅行行動予定（自由行動バージョン）

２日目のタクシー班行動のテーマと主な行動予定です。テーマが目標っぽくなってしまっている班もありますが、そこはご愛嬌ということで。タクシーのドライバーさんが、京都について詳しく教えてくれることでしょう。

1班 京都を知ろう	2班 京都を感じる （平安～江戸）	3班 安全第一	4班 楽しくまなぼ
清水寺	伏見稲荷大社	清水寺	銀閣寺
↓	↓	↓	↓
銀閣寺	竹林の道	銀閣寺	金閣寺
↓	↓	↓	↓
金閣寺	金閣寺	金閣寺	龍安寺
↓	↓	↓	↓
祇園	祇園＆錦市場	二条城	錦市場
↓	↓	↓	↓
錦市場	清水寺	東寺	清水寺

5班 お寺めぐり	6班 迷子にならない	7班 世界遺産を巡ろう	8班 軽く京都一周
清水寺	清水寺	銀閣寺	八坂神社
↓	↓	↓	↓
金閣寺	銀閣寺	金閣寺	清水寺
↓	↓	↓	↓
祇園	金閣寺	京都駅	伏見稲荷大社
↓	↓	↓	↓
金閣寺	貴船神社	伏見稲荷大社	金閣寺
↓	↓	↓	↓
龍安寺	八坂神社	清水寺	龍安寺

班別行動とする際は、それぞれの訪問先を掲載します。

旅行のしおりには、詳細な訪問時間や、拝観料なども記載し、行程をより細かく把握できるようにします。

03 当日、班行動

学習課題を生徒自ら設定し、自主的な学習活動を行うためには班行動は最適です。班長が中心となって班行動を行いますが、班員全員で行程計画を立てられるよう工夫が必要です。金銭の貸し借りなどのトラブルが発生することもありますので、旅行のしおりには、交通費や昼食費、お土産代などの使い道をチェックできるような欄を作っておきましょう。

また、見学に夢中になってしまうことや交通機関の遅れなどで、予定した時間をオーバーすることもあります。時計を持参することや先生方と連絡を取るための方法についても事前に伝えておきましょう。

04 事後指導と事後学習

事後指導

禁止物の持参や他校生とのトラブルなど、修学旅行での問題は、管理職に報告します。その場に応じた指導を行い、保護者にも連絡します。禁止物は旅行中は預かり、解散後に保護者に返却します。連絡もれ、返却もれは、大きなもめ事になる可能性があるので、忘れずに返却しましょう。

事後学習の例
・パンフレット
　個人で作業ができます。
・見聞録
　見栄えよく仕上げることができます。
・プレゼンテーション
　グループで作業できることができます。

学級会の工夫

▶ねらい

学級会の活動を通して、自発的・自治的な集団を目指しながら、生徒個人の成長につなげていくことができます。その成長を促す工夫を紹介します。

▶活動のポイント

小学校段階から、学級会を積み上げていくと、話し合いのマンネリ化が起こり、うまくいかないことがあります。そのようなときには、一人一人に役割を与えたり、大人の社会にもつながる実践を取り入れていくことで、生徒たちの意欲を高めていきます。

▶議長団の例

［輪番制］

メリット　：全員が役割を経験することで、話合いに参加するときにより一層協力することができます。

デメリット：毎回メンバーが変わるので、事前指導の時間がとてもかかります。また、学級会の進行の技術がなかなか向上しません。

［固定制］

メリット　：同じメンバーで行うため、回数を重ねるほど、事前の準備の時間が短縮できます。また、学級会の進行技術が向上し、話合いが円滑に進みやすいです。

デメリット：同じメンバーで行うことで、クラス全員に同じ成長のチャンスを与えることができません。

［グループ制］（例：A・Bグループ議長団）

輪番制と固定制の折衷案です。固定制よりは、多くのメンバーに経験をさせることができます。また、議長団グループ同士で切磋琢磨する相乗効果が生まれます。

活動の工夫

01 議長団の工夫

議長団を誰に任せるか困ることがあります。小学校では、議長団を輪番制で行うことが多く、クラス全員がどれかの役割を1回は経験することを大切にしています。一方で、中学校では学期ごとに固定メンバーにすることが多いです。議長団を育成する上で大切なのは、学級会全体の運営をスムーズに行うことだけでなく、役割を通して生徒の成長にどうつなげていくかイメージすることです。

02 ファシリテーター設置の工夫

ソーシャルスキルトレーニングにもつながるのが、ファシリテーターの設置です。ファシリテーターは、会議やミーティング等で、発言や参加を促したり、話の流れを整理したりします。参加者の認識の一致を確認したりすることで介入し、合意形成や相互理解をサポートする役割です。この役割を置くことで話合いが円滑に進むとともに、役割についている生徒を見本に、フロアの生徒もファシリテーションをする場面が生まれます。

■ワークシートの活用

学級会を行っていると話合いが脱線してしまったり、話合いが停滞してしまったりすることがあります。そのような状況にならないために大切なことは、①議題の確認、②話合いのめあての確認、③決まっていることの確認です。①～③までの内容を記入したワークシートを事前に配布しておくと、生徒が確認をしながら話合いに取り組むことができます。

また、よく「今日の学級会のMVP」を記入させることがありますが、決まった人ばかりになってしまうことが多々あります。そこで、「素敵な場面」にすることで、クラス全体と個人の両面を記入でき、次の学級会活動につなげていくことができます。

このワークシートを蓄積していくと、生徒たちの変容を見取ることができ、特別活動の評価をする際に役に立ちます。

03 学級会中の工夫

学級会は慣れてくると、担任の出番がほとんどなくなってきます。そんな時におすすめなのが「発言チェックシート」です。生徒の発言（賛成・心配・修正・質問意見など）を種類ごとに記入し、蓄積をしていくことで、生徒一人一人の変容や状況を確認することができます。そのチェックシートをもとに、生徒を褒めたり、課題を伝えたり、指導要録の特別活動の評価に生かしたりすることができます。

次に「話合いの論点の整理」です。担任が今話し合ってる内容を整理し、ディスプレイや生徒一人一人の端末に映してあげることで、クラス全員が前向きに学級会に参加できるようになります。このユニバーサルデザインの視点を導入していくことで、クラス全員を大切にする学級会になっていきます。

04 学級会のグッズ

学級会を円滑に進めていくには、グッズを準備することも大切です。毎回の学級会で使用するものは事前にパウチしておきましょう。例えば「議題」「めあて」「賛成・心配意見」などの黒板掲示用のカードです。グッズがあることで、より可視化され、学級会が活性化し、黒板書記の仕事がスムーズになります。また、スクールタイマーがあると、ちょっとした話合いの時間をとる際にも便利です。

4月　5月　**6月**　7月　8月　9月　10月　11月　12月　1月　2月　3月

熱中症予防

▶ねらい

地球温暖化に伴い、熱中症のリスクが高まっています。症状が重くなると生命に危険が及ぶことを踏まえ、予防を心がけるとともに、安全に配慮した適切な行動がとれるようにします。

▶指導のポイント

保健体育科での「健康と環境」の学習を踏まえ、学校内だけではなく学校外においても自分の生活を見直して、熱中症にならないために必要な生活習慣を考えるとともに、安全に配慮した適切な行動がとれるようにすることが大切です。生涯にわたって主体的に取り組むことができるようにするとともに、他人の安全も確保する態度を養うことができるようにしましょう。

▶指導の時期と内容の工夫

［指導の時期］

熱中症患者が増加する梅雨明け前等、予防の効果が期待できる早い時期に指導しましょう。

［指導の内容（熱中症予防のポイント）］

・暑さを避ける（日陰での活動）

・体を冷やす（涼しい服装、日傘や帽子の着用）

・水分と塩分の補給（喉が渇く前に水分補給）

・暑さに負けない体づくり

［指導の工夫］

・保健委員会の活動として

朝会や全校集会などを利用して、保健委員会から全校生徒に呼びかける活動も考えられます。生徒同士で伝え合うことで、より身近な問題として一人一人が考える機会をつくることができます。

・体育祭や部活動と関連付けて

実際に、熱中症のリスクが高まる体育祭や部活動での練習が本格化する時に合わせて指導することで、生徒が意識的に行動する機会をもつことができるようにします。

指導の留意点

01 体験の共有「ひやり、はっと」

「体育祭の練習で、水分補給の時間があったのに水分を摂らなかったら、突然、頭痛と吐き気におそわれた」「朝食を食べずに部活動に参加したら……」「夜更かしして、校外学習に出かけたら……」など具体的な体験を共有すると課題意識を高めることができます。

02 保健体育科の学習との関連

熱中症を引き起こす危険要因や、環境が健康に及ぼす影響、具体的な症状など詳細な内容は、保健体育科の学習を生かすとよいでしょう。保健体育科の先生と連携し、学習で使用した掲示物を再利用することで、本時の学習効果も高まることが期待できます。

■朝の会を活用した、保健委員会からの熱中症予防の呼びかけ例

保健委員会からのお知らせです。これから気温が高くなります。熱中症のリスクが高まるのでお互いに気をつけましょう！ 暑さを避ける3つの工夫を方の心がけましょう。

のどが渇く前に、こまめに水分をとるようにしましょう。たくさん汗をかいたときは、塩分も一緒に補給できるとよいですね。

日頃からの健康管理は、熱中症予防につながります。暑くなり始める時期から適度に運動して、暑さに慣れるようにしましょう

暑さを避けよう！
・行動の工夫
・住まいの工夫
・衣服の工夫

こまめな
水分補給を
心がけよう！

暑さに負けない
体をつくろう！

[熱中症の症状]
　熱中症予防の努力をしても、症状が現れてしまう場合があります。軽症の段階で早めに気付き、応急処置をすることが大切です。
【軽　症】めまい、大量の発汗、筋肉が硬くなる　など
【中等症】頭痛、吐き気、嘔吐、ぐったりする　など
【重　症】けいれん、意識がなくなる、高体温　など

[熱中症かなと思ったら]
・涼しい場所に移動する
・衣服をゆるめ、頸動脈などを冷やす
・水分、塩分を補給する
・改善が見られなければ、病院へ行く

03 保護者や地域、養護教諭との協力

　生徒の健康管理には保護者や地域の協力が欠かせません。学年だよりやお手紙で取り組みについて周知します。また、養護教諭を中心として、学校の教職員で共通理解を図り、教育活動全体を通して、同じ指導ができるようにしましょう。

04 生徒自身の判断、選択

　屋外での活動では、マスクを外して運動や活動をするよう指導しても、感染の不安などから外さない生徒もいます。生徒自身が判断し、熱中症を自ら防ぐ行動を適切に選択して行動することができるようにしましょう。

トラブルが起きたときの対応

▶ねらい

目の前にある課題やトラブルから逃げることなく、乗り越えることで生徒に自信をつけさせるとともに、望ましい学級集団をつくり上げることがねらいです。

▶指導のポイント

人が集まると問題やトラブルは起こります。大切なことは、問題をそのままにせず、解決に向けて考え行動を起こすことです。問題の解決を通して生徒は確実に成長します。生活に慣れてきたこの時期に問題が発生することが多いので、教師はしっかりと生徒の様子を把握し、アンテナを張っておきましょう。トラブル対応のポイントは次のとおりです。

① 誠実に② 小さなうちに③ すばやく④ みんなで

▶トラブルが起きたときの対応

自分の思っていることを上手に言語化できず、粗暴な言葉になったり、手が出てしまったりする生徒もいます。その他、授業離脱、器物破壊、盗難、喫煙、飲酒、薬物乱用などの反社会的な問題行動や、いじめ、不登校など、様々なトラブルが起こることもあります。教師には適切な対応力が求められます。生徒への深い愛情をもち、毅然とした態度で指導にあたりましょう。トラブルが起こったときは、その現場にいることが、生徒の信頼につながります。

指導の留意点

01 誠実に

問題やトラブルが起きても、教師は慌てず焦らず誠実に対応しましょう。大人が落ち着いて行動しないと、生徒はもっと不安になります。問題は起きて当たり前、大事なことは問題をそのままにしないということです。

問題発生時は、教師が思い込みや偏った見方をしないことが大切です。まずは事実確認が必要です。関係生徒から公平公正に聞き取りをしましょう。「起こった事実」と「生徒の思い」をしっかり捉えることが大切です。生徒の困り感や気持ちを受け止め、生徒に寄り添った誠実な対応をしましょう。問題が起きて「困った」と嘆く教師がいますが、本当に困っているのは、教師ではなく生徒です。

02 小さなうちに

初期対応は危機管理の基本です。物事は小さなほころびや、ちょっとした食い違いから崩れ始めるものです。問題が大きくなる前に危機を回避しておくことが大切です。

問題の大きさによって対応も変わりますが、生徒がトラブルを起こしたときは、問題を後回しにせず、事実確認、主任等への報告、対応方針や指導方法等の検討、保護者等への連絡など、見通しをもって指導・支援、場合によっては事態の収拾にあたりましょう。一度学校が崩れてしまうと、平常の生活に戻すために教師集団はかなりの体力を奪われることになります。日々の地道な取り組み、適切かつ的確な対応が、生徒の安定した学校生活につながります。

〜きの4つのポイント

誠実に

小さなうちに

> オレ、やってない

> うん、そっか

> ちょっと家庭訪問行ってきます！

> 行ってらっしゃい

みんなで　　　　　　すばやく

〜ブルは、未然に防ぐことが第一ですが、起きてしまった〜は、この4つのポイントを意識して、丁寧に対応するこ〜です。生徒や保護者との信頼関係にもつながります。

03 すばやく

　迅速な対応も危機管理の鉄則です。「先生、あの件はどうなったんですか？」「ごめん、急ぎの仕事があって、ちょっと待っててね」といったやりとりをしていないでしょうか。生徒がため息をつき、信頼関係が崩れていくのが目に見えます。対応が遅いのは、危機管理意識の欠如であると自覚しましょう。

　しかし、すばやくといってもやみくもに行動するのでは、事態が悪化することもあります。問題の本質や原因は何かを考え、適切な対応が必要です。「何か起きそうだ」「この先こうなりそうだ」など、危機を察知する感覚や予見する力が求められます。日頃の生徒との関わりによってその感覚は磨かれます。

04 みんなで

　トラブルが起きたときは、現場に居合わせた教師が対応します。必然的に最前線に立つ学級担任が対応することが多くなります。経験を重ねて対応力は高まりますが、一人で解決することは難しいものです。学級担任として責任をもって指導にあたることは大切ですが、一人で抱え込まず、同僚や主任、管理職の知恵や力を借りたり、保護者と連携を図ったりして、みんなで生徒の健全な成長のために、指導・支援にあたるようにしましょう。

　私たち教師の役割は、生徒が将来自立・自律して社会で生きていけるように確かな力を育むことにあります。みんなで生徒を育てていくという姿勢が大切です。

1学期の反省と新たなスタートの7月

▶ 7月の目標

　4月から4ヶ月が経ち、今年度も3分の1が経とうとしています。時が経つのは速いものです。生徒自身は自分で納得のいく過ごし方ができたでしょうか。生活面や学習面でも充実した毎日が過ごせたでしょうか。学級目標や生徒自身が立てた目標はどれくらい達成できたでしょうか。夏休みに入るこの節目の時期に生徒に考えさせることが大切です。

7月の学級経営を充実させるために

1学期の反省と新たなスタート

　1学期のまとめと反省を行い、夏季休業中の学習と生活の計画と準備を行うときです。1学期の反省をもとにしっかりした目標をつくり、具体的な生活設計ができるなど、きめ細かに指導していくことが大切です。生徒自身の夢や目標が達成できるように新たなスタートをしっかりさせましょう。

全国中学校体育大会

　6月下旬から全国中学校体育大会が始まり、7月は都道府県大会、8月は全国大会が行われます。中学生活最後の日本中学校体育連盟の大会となります。また様々なコンクールも実施されます。出場者、応援者として意欲的に参加させ、よい思い出となるよう担任も支援していく必要があります。

学習に励む夏季休業

　多くの学校が7月中旬から下旬にかけて夏季休業が始まります。学校という集団から離れて、生徒自らが生活を管理することになります。3年生ですから進路希望実現に向け、学習に励む夏季休業にするためにしっかり計画を立てさせる必要があります。苦手教科克服に向け頑張らせましょう。夏季休業中には多くの高校が学校説明会を行います。積極的に参加するように声かけを行いましょう。

● 7月の学級経営の三本柱

　① 学級の諸問題についての解決策や自分の在り方について考えさせる。

　② 様々な活動を通して共感的な人間関係を築く。

　③ 学習意欲を高めるために、学級全体として学習に取り組む場の設定と充実を図る。

注意事項

　夏季休業中に中学生が交通事故や川や海での水難事故にあうケースがあります。事件や事故などに巻き込まれないように事前指導をしっかり行い、十分注意して夏休みを過ごさせるようにします。

1学期の反省をもとに諸問題を改善しよう

　7月のこの時期、学級としても反省をする時期となります。この実践は、生徒一人一人の取り組みはどうだったか、また学級目標は順調に達成しつつあるのかなど学級全体としての生活や学習について振り返らせて改善策を考えさせるという試みです。

▶ねらい：これまでの1学期の学級を振り返り2学期につなげていく

　1学期を振り返り、学級の諸問題についての解決策や自分の在り方について考えさせるようにします。学級生活の向上を目指して、生徒一人一人が自主的・自治的な活動を通し、他者の意見や考えを尊重していく中で仲間を大切にする心や寛容な心を育てていきたいと思いま。そして、人間的なつながりを深め、所属感を持たせていきたいと思います。

▶活動例

●学級会前

① 学級プログラム委員会（班長会）で話し合われた内容を学級委員がクラスに報告

② 学級の現状に対するアンケートを学級プログラム委員会が作成

・学級の諸問題はどのようなことか

・自分たちの集団をどのようにしたいのか

・学級の一員として個人がどのようにしていけばよいのか

●学級会の議事

① 一年を振り返る

② 学級の諸問題を考える

③ 質疑応答、反対意見表明

④ 学級の諸問題の解決策を考える

⑤ 自分のあり方について考える

⑥ 議決

⑦ 書記から

```
　　　　　　　学級会の進め方
１．学級会の目的
・クラス一人一人の意見や立場を明確にし、それを互いに認め合いながら物
　事を決定していくため
・様々な視点から意見を出し、結論の幅を広げるため
・多くの人の合意を踏まえ、出された結論に対してみんなが協力して取り組
　むため
・学級会を通してクラス内での所属感やチームワークを高めるため。
２．学級会のルール
・人の意見は最後まで聞く（話しやすい雰囲気づくり）
・意見を伝えるときは、全員に聞こえる声で
・積極的に議論に参加する　　・相手を否定しない（すごく大切）
・少数意見も大切にする　　　・決まったことは全員で守る
３．学級会のポイント
・その日の議題（テーマ）を常に意識する
・結論は多数決で出す。その際、少数者側の意見にも配慮した結論にする
・具体的にしていく（５W１Hで考えると具体性が出てくる）
・聞き方や話し方を意識する
［聞き方］
・相手を見て話しを聞く（体や顔を相手の方へ）
・話を最後まで聞く（途中で妨げない）
・必要であればメモを取る
・相手の話しから質問内容を事前に考えておく
・わからないことは質問する
［話し方］
・先に結論を言う　例）私は〜だと思います。理由は〜だからです。
・賛成する　　　　例）〜の意見に賛成です。なぜなら〜だからです。
・反対する　　　　例）〜の意見に反対です。〜だからです。
・代案を出す　　　例）〜の意見について、〜というのはどうですか？
・付け足し、修正　例）〜の意見について、〜をしたらよいと思います。
・質問　　　　　　例）〜さんに質問です。〜さんの○○の部分を詳しく教
　　　　　　　　　　　えてください。
```

●学級会後

生徒一人一人が学級の一員であることを意識し、学級目標や個人目標を達成できるようにする。

▶活動後のポイント

　学級の諸問題や個人の問題点に気づかせ改善策を考え、学級の一員として努力するように意識づけさせます。また、後日、学級プログラム委員会を開き「学級目標」の達成のために2学期から具体的にどのような試みを行っていくかを考えさせ、全体に提案させていきます。

通知表所見

▶ ねらい

通知表は、生徒一人一人の成長と努力と励ましが掲載された内容となるように作成し、各学期の最終日に各家庭に持ち帰らせ、学校での様子や各教科の学習状況を家庭に知らせることを目的として行っています。

▶ 指導のポイント

3年生は最上級生としての自覚をもち大いに活躍する時期ですが、進路選択という初めての大きな課題を前にした不安をもって生活しています。やはり成績についての悩み等を多く持ち合わせている生徒が多いように感じます。通知表の所見では、生徒の悩みが解消されるように工夫することが大切です。適切な学習に対するアドバイスや進路選択等に対するアドバイスを工夫して記述するようにするとよいでしょう。そして担任と保護者の協力関係を築き、生徒に安心感を与えるような所見となるよう工夫しましょう。

▶ 3年生の通知表

3年生の通知表では、進路選択における、生徒・保護者の悩みが解消されるような記述の工夫が必要になります。3年生としての活躍を記述するとともに、進路選択からくる不安な気持ちが少しでも解消されるような記述になるように工夫します。

1学期では、学校と家庭が緊密に連絡を取ることの重要性を理解してもらうよう内容を記述するようににします。

2学期では、目標に向けしっかり努力することの大切さなどについて記述します。

3学期は、中学校生活の3年間が楽しい思い出として、振り返ることができるようにしながら、新しい場での活躍に向けてはなむけの言葉となるような記述となるよう工夫することが大切です。

指導の留意点

01 通知表について

各学校における通知表の教育的なねらいは様々です。内容や構成は各学校が工夫をして作成しています。名称は通知表、通知簿、あゆみ等様々です。

通知表を作成するには生徒の成長や進歩の状況、指導の過程など正しく表記するための手持ちの資料が必要になってきます。普段から、生徒ごとに資料を作成し整理しておくことが大切です。

02 通知表の所見の記述

通知表は学習や行動面等について家庭に知らせるための連絡表的なものです。所見は生徒一人一人の学校生活の一部分を捉えた表現で終わるのではなく、学校生活を送っていく中で多角的・多面的に観察し、それぞれのよさや頑張っている様子を生徒自身の意欲と自信につなげていけるような記述となるように工夫します。

■好ましくない所見の添削

[一部分だけをとらえた文例]

好きな社会や美術の時に一生懸命やっています。しかし他教科の学習は極端に消極的です。

社会と美術の学習は意欲的で自信をもって取り組んでいます。どの教科にも自分の力を出しきるよう努力することが大切です。

[抽象的で伝わりにくい文例]

内向的性格で目立つことは好きではありませんが、協調性はあります。道徳的判断・心情は優れています。

いつも控えめで、こつこつと努力しています。グループ学習でもよく協力し、自分の考えを持ち、相手の気持ちを考えた行動ができることは素晴らしいことです。

[欠点だけを強調させる文例]

授業中は学習に集中できず、なにごとにも持続できない性格のようです。

好きな教科や体を使った学習には意欲的に取り組んでいますが、やや飽きっぽいところが見受けられるときもあるので、授業でも家庭学習でも最後までやり通すよう努力してみてください。

03 文章表現の工夫

わかりやすく知らせることが大切です。専門的用語や、抽象的な用語を用いた記述だと生徒や保護者はどのような内容なのか理解しづらいことがあります。

生徒や保護者に学級担任の思いや意図、願い等を十分に伝えるためには、具体的な文章表現を工夫する必要があります。どのようなことを「頑張っていたか」、何を「しっかりできたか」どのようなことが「課題となっているか」等、具体的に示し記述しましょう。

特に学習面が課題となっている生徒にはどこをどう改善したらよいのか具体的に示すことが大切です。

04 3年生の通知表

3年生は、義務教育の最終段階となり、進路選択をしなければならない学年となります。生徒は最上級生になった喜びとともに進路の決定に対する不安感を持ち合わせています。

通知表では進路選択につながる適切なアドバイスとなるように工夫する必要があります。また、2年次と比べ成長したところを具体的に記述することも大切となってきます。

GIGA 端末の活用

▶ねらい

　1人１台配布されたGIGA端末は、指導内容に応じて、活用する場面を適切に選択し、効果的に活用しましょう。生徒の学習の場を広げ、質を高めることができるようにします。

▶指導のポイント

　特別活動の指導にあたっては、その方法原理である「なすことによって学ぶ」直接体験が基本です。「集団活動、実践的な活動」の代替としてではなく、特別活動の学習をより一層充実させるための有効な道具として位置付けることが大切です。事前から事後までの一連の学習過程を通して、育成を目指す資質・能力を大切にしましょう。

▶「学習の過程」での具体的な活用

　ここでは、学校行事における「学習の過程」に沿ったGIGA端末の具体的な活用例を紹介します。

　カメラ機能を使うと、様々な人からのビデオメッセージをつくることができます。先輩・先生・地域の方・下級生等からのメッセージは学習の導入部分だけではなく、実践の前後でも効果的に取り入れてみましょう。また、合意形成をした目標やスローガンを全員で声に出している様子を録画して、様々な場面で活用することも考えられます。

　ホワイトボード機能を使うと、話合いが可視化され、一人一人の思考にも深まりが生まれます。発言が苦手な生徒も自分の意見を伝え易くなることが考えられます。

　課題解決のために検索機能を活用することもできます。丁寧に指導しましょう。

指導の留意点

01 学級活動における活用

　学級活動では、問題の把握や共有の場面で効果的に活用できます。話合い活動では、一人一人が意見を出し合い、比べることや分類・整理することを通して、解決方法を合意形成したり、一人一人が意思決定したりすることにつながるように活用します。

02 生徒会活動における活用

　生徒会活動では、プレゼンテーション機能を使ってスピーチ等に活用することができます。生徒総会では、端末の活用が、集計や意見表明の時間短縮・合理化へとつながり、内容の充実を図ることができます。一人一人が参画している自覚をもてるようにしましょう。

■学校行事におけるGIGA端末の活用例

昨年の３年生（卒業生）等からのビデオメッセージ等

学校行事

→ 行事の意義の理解

ホワイトボード機能（オンライン付箋）を使った合意形成と意思決定

→ 計画や目標についての話合い

ホワイトボード機能を使った意見の分類・整理

→ 活動目標や活動内容の決定

→ 体験的な活動の実践

カメラ機能を使った写真や動画の記録

→ 振り返り

蓄積した資料をもとに振り返りを入力

→ 次の課題解決へ

03 キャリア・パスポートにおける活用

「キャリア・パスポート」としては、年間最大でＡ４用紙５枚まで保存することができますが、その基礎資料となる記録を、GIGA端末で蓄積することができます。学校行事・体験活動・部活動などの振り返りや写真記録等を自己のキャリア形成に生かせるようにしましょう。

04 交流における活用

休業中や遠隔地と交流する際に、オンラインを活用することができます。休業中でも、仲間と画面上で会う機会を設定することができ、人間関係の形成につながります。中学校区における小学校との交流など、校種を超えた取り組みを考えることもできます。

三者面談

校生活についての感想を聞き、保護者の方にご家庭での様子を聞くようにします。面談時間が決められているので時間通りに進むようすることが大切です。

▶ねらい

　三者面談は、これまでの生徒の状況を、保護者と一緒に振り返るために実施します。頑張っていること、これからも期待していること、課題となっていること等を話し合い確かめ合いましょう。3年次の三者面談は進路に特化した三者面談（進路面談）も実施します。生徒の進路希望実現に向けじっくり話し合えるようにしていきましょう。

▶指導のポイント

　三者面談は実施時間が15分程度と大変短い中行わなくてはなりません。担任が話す時間と、生徒や保護者が話す時間等おおよそのタイムテーブルのようなものを作っておくことをお勧めします。担任が学校での様子を伝え、生徒に学

▶家庭（保護者）へのお願い

[普段の観察をしっかり行う]
・家庭生活での見届けと把握
・愛情をもって親身に相談にのる
・家族ぐるみの環境と雰囲気づくりを行なう
・思いやりと励ましは言葉と態度で示す
・甘やかしてはいけないが神経質になりすぎないようにする

[将来の生活についての話し合いを深める]
・話し合いを通して、お互いの気持ちを理解しあう
・子どもの考えを尊重しつつ、人生の生き方も含めて助言を与える
・将来の目標をつくらせる
・道徳的価値判断、物事の善悪の判断についても話し合いを深める

指導の留意点

01　三者面談　生活行動面資料1

　中学生は一般的に、助言を求める対象として親や教師を避けて、友人を選ぶことが多いです。このように年長者に依存する人間関係を絶つ傾向にあるのは、同じ立場にある仲間関係に心理的安定感を求めるからです。そこで、対人関係が円滑に展開するよう、家庭でも学校でも目配りをすることが大切になってきます。学校と家庭が連携して見守っていくことを話します。

02　三者面談　生活行動資料2

　身体の急速な発育とともに、考え方の変化や感情面での複雑な動揺が起きがちになります。不安定な心理状態による精神的弱さが、いろんな問題行動に結びつくことがあります。したがって、目的をもち規則正しい生活習慣を確立することが大切になってきます。そして、個々の生徒の資質や興味に応じた活動を促すことが何より大切です。まず前向きの人生観、適切な価値観をもつことが基本であることを話します。

■三者面談資料

　将来と、当面の目標を見つめながら、今の生活を考えさせましょう。

[学習指導面]
①具体的な目標（計画）を設定する
②自分に適した学習方法を考え、実行する

[生活指導面]
① 生活設計を確立し、規則正しい（けじめある）生活を送る
　・朝食は必ずとる
　・一日の生活リズムを確保する
②自主的、自律的な生活を送る　・自分で決めたことは必ず実行する
②礼儀、節度をわきまえる　・服装・頭髪・時間・挨拶・言葉遣い等を意識する
④日常の生活が何よりの基本
　・目標をはっきりさせる
　・毎時間の授業を大切に・忘れ物をしない
⑤交友関係に気をつける
　・励ましと忠告の出来る友をつくる
　・自分を見つめ直すことの出来る友をつくる

03 三者面談　生活行動資料3

　中学生になると、自活する能力はない反面、心理的には親から独立しいろいろな束縛から逃れようとする強い欲求をもつようになります。この欲求はともすると親への反抗となって現れてきます。このような生徒に対しては、最低限のルールを守るよう家庭でも認識させることが必要です。家庭での協力を仰ぎながら学校での日常の活動を通して身に付けさせることを話します。

04 三者面談　生活行動資料4

　中学生のこの時期は「周囲の人がどう見ているか」などの不安から、心理的動揺が起こることもしばしばあります。そこから、劣等感や神経症的な傾向に陥ることがあります。いろいろな交流を通して思い過ごしの面に気づかせることも大切です。ささいな変化を見過ごさずに学校と家庭が連絡を密にして情報を共有できるよう協力を求めるようにします。

夏休みの
過ごし方

▶ねらい

　中学3年生の夏休みは、受験生としても、とても大切な期間です。貴重な夏休みを有意義に過ごすために夏休み前からしっかりスケジュールを立てられるようにします。

▶指導のポイント

　中学3年生の夏休みには、すでに部活動を引退し、自由な時間を満喫できる開放感を感じている生徒と、受験に向けて長期間の塾の講習などで、大半の時間を勉強に費やすことになっている生徒がいます。夏休み期間中の8月は、深夜徘徊や不良行為で補導される少年の数が最も多くなる時期でもあります。夏休みの前に、生徒自身が目的をもって自律的に夏休みを過ごせるようにしておきましょう。

■夏休みのスケジュール表

有意義で規則正しい生活が送れるように、夏休みの目標を立てます。

3学年　夏休みの生活記録

組　番【　　　　　】

●夏休みの目標

生活面	
学習面	

●夏休みに保護者の方と約束したこと

●夏休み前半の振り返り・夏休み明けの決意

振り返り（後半に活かしたいこと）	
決意（〇〇するぞ！）	

●夏休みの宿題

教科	内容	提出日・方法	チェック欄
国語	・弁論	8月30日(月)　教室の後ろに番号順に並べておく。	
数学	・プリント2枚　丸付けも行うこと。	夏休み明け最初の授業で提出。	
英語	・Here We Go!　ワークブックP.63まで ・英作文　テーマ「将来の夢」	8月30日(月)　教室の後ろに番号順に並べておく。	
社会	・人権作文 or 税作文 ・第4回公民レポート	8月30日(月)　教室の後ろに番号順に並べておく。	
理科	・1、2年の復習プリント　P.1～P.14　丸付けも行うこと。	8月30日(月)　教室の後ろに番号順に並べておく。	
美術	・人権ポスター　資料集P.70　参照 3年間で培った知識を使って描こう！	夏休み明け最初の授業で提出。未完成の場合は結果を出すので忘れずに。	
その他	・学校説明会に行こう！ ・文集表紙絵	8月30日(月)　担任の先生の指示に従って提出。	

長い休みなので、途中で一回、前半の振り返りをし、後半に生かします。

宿題は各教科から出されたものを一覧にしておきます。

01 規則正しい生活

　これまで部活動に明け暮れていた生徒にとっては、部活動のない夏休みはまさにパラダイス。就寝時間も起床時間も自由です。しかし、真夜中までゲームをしたり、お昼頃までだらだらと寝ていたりしては2学期になったときに支障が出ます。いったん崩れた生活のリズムを立て直すのは大変です。

　部活動がなくなり、できた時間をどのように使えば有意義かを生徒自身が考えることが大切です。夏休みでも就寝時間や起床時間を変えずにいつも通りの生活を心がけるように指導します。

02 学習時間の確保と適度な息抜き

　自宅での学習は毎日こつこつ続けることが大切です。中学3年生の夏休みは部活動がないので、一日のうち勉強時間は8時間ほどとることができます。しかし、あまりに長時間勉強していると疲労がたまり、集中力が落ち、体調を崩してしまいます。無理することはかえってよくありません。適度な気分転換や息抜きをして勉強を継続できるようにします。

　自分なりのルールを作っておくことを勧めましょう。

　例えば、「〇時間勉強したら、〇分～をする」「平日〇時間勉強したら、日曜日は△をする」など。

予定と、ひとこと日記、
その日の学習時間を記録します。

登校初日の予定と持ち物を
知らせておきます。

ひとこと日記 (学習・部活動など)

月日	曜日	予定	ひとこと日記	学
7月21日	水			時間　分
22	木			時間　分
23	金			時間　分
24	土			時　分
25	日			時間　分
26	月			時間　分
27	火			時間　分
28	水			時間　分
29	木			時間　分
30	金			時間　分
31	土			時間　分
8月1日	日			時間　分
2	月			時間　分
3	火			時間　分
4	水			時間　分
5	木			時間　分
6	金			時間　分
7	土			時間　分
8	日			時間　分
9	月			時間　分

●夏休みを振り返って・・・

| 生活面 | |
| 学習面反省 | |

●8月30日（月）の予定

集会時程45分
1、学活
2、月2
3、月3
4、月4
5、月5
※部活動あり

●持ち物

・夏服
・上履き
・各教科宿題
・夏休みのしおり
・給食エプロン

●夏休みを過ごして～思い出・印象に残った出来事・感想～

●保護者の方より

生徒の振り返りを読み、
保護者にもひと言、書いてもらいます。

03 夏休みで変わる生徒たち

　夏休み明け、久しぶりに会う生徒たちが大きく変わって見えることがあります。夏休みの過ごし方で、生徒は大きく変わってくるようです。充実した夏休みを過ごした生徒は、落ち着いて自信にあふれ、久しぶりに会った友達と笑顔で交流しているでしょう。反対に、生活習慣や交友関係が乱れると、言葉遣いが乱暴になったり、髪の色が変わったり、友達や教師と目を合わさなくなったりするかもしれません。どの生徒も充実した夏休みが過ごせるように、生徒の様子をよく見ておき、心配な生徒には、個別に声をかけたり、夏休みの計画をアドバイスしておいたりしましょう。

04 相談機関を知らせておく

内容	機関名	時間
体と心の健康のこと	市区町村の保健センター	月~金（除祝）8:45-17:15
心の健康のこと	市区町村の健康福祉センター	月~金（除祝）8:45-17:15
悩みやいのちのこと	都道府県のいのちの電話	24時間
いじめなど人権に関わること	子どもの人権110番	月~金（除祝）8:45-17:15
子供専用	チャイルドライン	毎日16:00-21:00
友達・家族いじめのこと	都道府県警少年センター	月~金（除祝）9:00-17:00

8
月

夏季休業中でも生徒に目を向ける
8月

▶ 8月の目標

　8月は多くの学校が夏季休業になります。学級担任は夏季休業中でも生徒に目を向けながら、いろいろな場面を通し継続的に信頼できる人間関係をつくることが大切です。また、夏季休業中には教員としての力量を高めるように「研修と修養」に励むことも大切です。生徒たちは、教員に影響を受けながら日々成長しています。幅広い見識と教養を身に付け、魅力的な教員になりましょう。

8月の学級経営を充実させるために

夏季休業中も生徒に目を向ける

　学級担任は夏季休業中でも生徒に目を向けながら、いろいろな場面を通し相互に信頼できる人間関係をつくることが大切です。「暑中見舞い」を兼ねた学級通信を郵便で送るとよいでしょう。不登校の生徒にはこの夏季休業中にもいろいろアプローチしたりして信頼関係を継続させましょう。意外に誰もいない学校だと登校できる不登校の生徒もいるかもしれません。学校への意識をもたせる機会となるように担任として努力していきます。

研修と修養

　教育は人間を育てる仕事です。教員と生徒の触れ合う活動の中、温かい人間関係や信頼関係を築きながら教育は進められていきます。その活動を進める中で教員の見せる人間性は、生徒たちに大きな影響を与えていきます。教員としての専門性をもち、資質を高めるための「研修と修養」は、とても重要なことです。自ら課題を見つけ、研修を深められるように教師自身も努力する必要があります。

夏季休業中に表簿の作成・確認

　夏季休業中に表簿の作成・確認を行いましょう。学校における備え付け表簿はきわめて多く、学校ごとに表簿類の管理保管場所や管理の分担が明確にされています。表簿類の中でも、特に「指導要録」「出席簿」「健康診断票」「歯の検査票」については、扱う機会が多いものです。

● **8月の学級経営の三本柱**

　① 夏季休業中も生徒に目を向けるようにする。

　② 担任自身も教員としての専門性をもち、資質を高めるために「研修と修養」に励む。

　③ 担任として表簿の作成と確認をしっかり行う。

注意事項

　夏季休業中に生徒指導上で大きく変化する生徒がいるかもしれません。常に情報収集する必要があります。常にアンテナを張って情報をキャッチするようにします。気になる家庭には電話連絡、家庭訪問を行うようにします。得た情報は学年で共有し学年で生徒指導していきます。

「暑中見舞い」大作戦

　夏季休業中でも生徒に目を向けながら、いろいろな場面を通し相互に信頼できる人間関係をつくることが大切です。

▶ ねらい

　夏季休業中に「暑中見舞い」を兼ねた学級通信を郵送で送り、学校のことも意識させることをねらいとして行います。

〇〇市立〇〇中学校
3年〇組　学級通信
Sunshine!　第17号
令和5年8月〇日（〇）
発行：〇〇　〇〇

暑中お見舞い申し上げます

　夏は暑いものですが、今年は異常な暑さが続きました。暑いのが苦手な私にとっては、辛い夏休みですが、様々な制限がある中でたくさんの思い出ができました。
　まずは部活動。3組では卓球部に所属している〇〇さんが個人戦で県大会に進出しました。ソフトボール部も県大会進出。午前中に湘南台で卓球の試合の後、午前の試合で勝利したソフトボール部が午後も茅ケ崎で試合があるということで、そのまま応援に行きました。チームスポーツ、個人スポーツとそれぞれ異なりますが、どちらも結果を残すためにこれまで沢山の努力を重ねてきたと思います。試合状況を分析する力、経験値、メンタル強化…。色々な面で成長しました。吹奏楽コンクールも見に行きました。久々にたくさん音楽を聴くことができて、良い時間を過ごすことができました。
　これまで3年生最後の大会はできるだけ応援しようと、あちこち回っていました。しかし、今の感染状況を考えるとこれまで当たり前にできていたことが当たり前にできないことが予想されます。競技性にもよりますが、保護者の方に応援に来てもらえない部活も出てくるかもしれません。きちんと保護者の方に部活の様子とかも話してくれていると良いなと思います。

子どもの自由研究を通して　大人も学ぶ夏

　我が家が夏休みに体験した「おもてなし」について調べるために、娘と一緒にあるホテルへ取材に行きました。そこで聞いた話がとても勉強になりました。本当ならみんなも職業体験を通して、こういう話を直接聞くことができたのだろうなと、みんなのことを真っ先に思い浮かべました。体験を通して学ぶことは思い出になるのもそうですが、忘れない学びになると思います。だからこそ、そういう体験の機会が少ないのはもったいない。なので、英語の授業の中でも、詳しく触れていけたらいいなと思っています。

部活で参加している生徒はよいのですが、夏休みをどう過ごしているか気になる生徒もいます。「暑中見舞い」を送ることで、学校のことや夏季休業中の課題に少しでも意識を持たせるようにしていきたいものです。

夏季休業中も学級通信を発行して郵送することで、生徒とコミュニケーションをとる一つの手立てとなります。また、家庭（保護者）からの信頼感が深まるものと考えます。

気になる
生徒への支援

▶ねらい

　担任として支援を行うのは他の学年と変わりませんが、生徒の発達の段階によって支援の内容が変わります。また、3年生特有と言える支援があることを確認します。

▶指導のポイント

　クラスの中で支援が必要な生徒は必ずいます。生徒を支援するときに必要なのは、スキルではなく、生徒が何に困っているか、これから何が困るか、を考える想像力です。生徒の発達の段階によって支援の方法は変わりますが、3年生は進路があるので、保護者への支援も時には必要になります。生徒や保護者の視点で考えることできめ細かな支援ができるはずです。

▶記録をつける

　何らかの支援を行った時は、必ず記録をつけます。1年生からの記録があれば、前年度までどのような支援が行われていたのか確認できるので、参考にすることもできます。3年間分の内容をまとめておくことで、生徒の進路先にそのまま記録をお渡しすることもでき、進路先で生徒が中学校での取り組みを参考に配慮を続けてもらえる利点もあります。

［記録する内容の参考例］
・日付
・状況
　→写真を添付するのも効果的
・生徒本人の様子
　→生徒が何に反応し、何が不快だったか
・生徒が反応したもの
　→人（相手）、天気（気温や湿度）、音
・どんな支援を行ったか
・家庭に連絡した時の様子や反応

支援のポイント

01 学習・対人関係の支援

　学級担任として、クラスの生徒の学習支援そして、クラスの生徒の対人関係の支援は必ず行わなければなりません。ただし、3年生の担任となると、これら2つの支援に関しては少し気が楽になります。3年生で学習支援が必要ということであれば、1年生のうちから支援が必要なことが多く、支援の方法は確立されているはずです。

　対人関係に関してのトラブルも、周りの生徒が大人になり、その生徒との付き合い方がわかってくるので、ゼロにはなりませんが、1年生の頃と比べれば、明らかに減ります。

　いずれにせよ、丁寧な声かけは必要です。その生徒の成長を見守れるとよいでしょう。

02 行動・情緒に支援が必要な生徒の支援

　1年生からの支援の積み重ねがあるので、大きく支援の方法を変える必要はありません。ただし3年生は、嫌でも自分の進路と向き合わなければならないので、支援の必要がない生徒も、見通しのもてなさから不安定になります。ですから、行動や情緒に支援が必要な生徒の不安定さは顕著に出てきます。1・2年生の時と比べたら問題行動が増える可能性もありますから、生徒の状態が悪化している、と感じてしまうこともあるかもしれません。

　いずれにせよ、家庭との連携は不可欠です。進路が決まれば、安定してきますから、それまで根気よく声をかけ、見守っていく必要があります。

■年度当初に、本人＆保護者と確認しておきたいこと

[医療的配慮が必要な生徒への支援]

日常生活の中で医療的配慮が必要な生徒がクラスにいた場合は、通院状況、病状の確認をしておきたいです。宿泊を伴う修学旅行を控えていること、成長期で薬が合わないという状況が出てくる可能性があります。特に、ADHDで服薬している生徒、てんかん発作を抑える薬を服用している生徒に多く見られます。学校で何かあったときに対応できるように、担任として確認しておきたい点です。

[LGBTQの悩みを抱えた生徒への支援]

性自認などの悩みがある生徒と必ず確認したいのは、修学旅行での対応です。自身のセクシャリティを担任にカミングアウトしている、もしくは、親に相談しているという生徒がいる際には、特に、修学旅行の入浴と宿泊部屋を個別対応にするか、しないか、について前もって話をしておきたいです。

03 ヤングケアラーへの支援

「私はヤングケアラーです」と自己申告する生徒はいません。それが当たり前の生活となっているので、ヤングケアラーだという自覚がない生徒も多いです。ヤングケアラーかどうか、は生徒との何気ない会話の中から実態を拾っていくケースが多いです。

ヤングケアラーの保護者は生徒の状況まで考えている余裕がない人が多いです。提出物が遅れがちになる可能性もあります。放課後は早く帰りたがるので、昼休みなどに個別に呼んで、提出物の説明を丁寧にできるとよいです。合間に雑談をしながら、生徒の状況を聞くこともできます。せめて学校にいる間だけは、子どもでいさせてあげたいものです。

04 外国ルーツや日本語に支援が必要な生徒の支援

日本に来て日の浅い生徒、外国にルーツをもつ生徒で支援が必要なのは、保護者が外国人の場合です。入試要項などの資料を日本語で読めるかどうか、保護者の日本語能力を確認しておく必要があります。話せても読み書きが厳しい外国人の保護者はたくさんいます。また、気をつけてほしいのが、日本語が話せる＝思っていることを全部話せているとは限らない、ということです。学校側が伝えたいことがわかっていても、保護者の思いが言葉にできない状況も考えられます。また生徒が通訳するとなると、都合よく訳す可能性がありますから、要注意です。第三者の通訳がつけられたら理想的でしょう。

担任の夏休み

▶ねらい

中学3年生にとって夏休みは重要な期間ですが、教師にとっても、この時だからできることがあるという期間です。有意義なものになるような過ごし方を考えます。

▶指導のポイント

4月から夏休みまで、怒涛の4ヶ月だったことでしょう。生徒たちの夏休みが始まり、ホッと一息つけるところかもしれません。部活動等で大会に向けて、毎日練習に取り組んでいることもあるでしょうが、一旦、1学期を締めくくり、よかったところは2学期も継続し、そうでないところは仕切り直しをして、2学期のよいスタートが切れるようにします。夏休み中は教員向けの研修など学びの機会も活用しましょう。

▶はがきでつながりを

夏休みは、一年で一番長い休みです。夏休み明けには、夏休み中に崩れた生活リズムや交友関係の乱れから、登校渋りなどが見られることがあります。元気に有意義な夏休みを過ごしてほしいという気持ちを込めて、はがきなどを書くのはいかがでしょう。

生徒の日頃の様子から想像して、伝えたいことを文に表します。筆ペンと絵の具を使って、絵手紙にしてもよいですし、担任をキャラクター化した絵や、学級のマスコットなどの絵を入れるのも、楽しいものです。

指導の留意点

01 夏休みの計画を立てる

時間がたっぷりあるようでないのが夏休みです。しばらくゆっくりしてから夏休みの過ごし方を考えようと思っていると、何もできないまま、あっという間に2学期を迎えることになってしまいます。生徒同様、計画的に夏休みを過ごし、有意義なものにしましょう。

計画の中には、この時期に一息に仕上げることができる事務的な作業、教育委員会等で出席が決められている研修会、全国の様々な所で行われている学習会やセミナーなどの、チェックリストを作成しておくのも一つの方法です。

02 1学期の振り返り

学級づくりの支えとなるのは学級経営案です。学級経営案は設定するだけでなく、学期に1回は振り返ってみましょう。

まず、学級目標や経営案の重点目標についての1学期の達成度をつかんでおきます。また、日頃から活用している補助簿やICT等、使いやすいものを工夫して、学級集団や一人一人の生徒の目標に対する評価を記録しておきましょう。

生徒には、1学期末に振り返りシートを記入させておくと生徒の状況が把握しやすくなります。ふだんはなかなか書けないコメントも夏休みには、丁寧に書く時間をとることもできるでしょう。

■担任の夏休みのスケジュール例

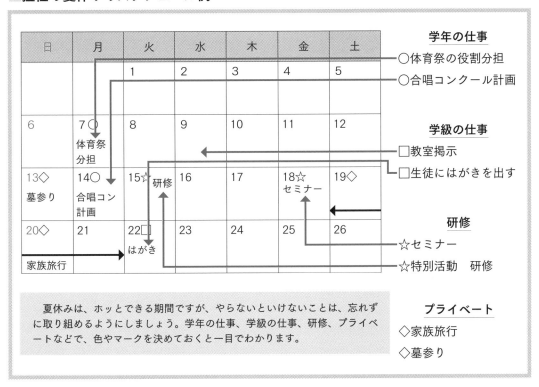

学年の仕事

○体育祭の役割分担

○合唱コンクール計画

日	月	火	水	木	金	土
		1	2	3	4	5
6	7○ 体育祭 分担	8	9	10	11	12
13◇ 墓参り	14○ 合唱コン 計画	15☆ 研修	16	17	18☆ セミナー	19◇
20◇ 家族旅行	21	22□ はがき	23	24	25	26

学級の仕事

□教室掲示

□生徒にはがきを出す

研修

☆セミナー

☆特別活動　研修

夏休みは、ホッとできる期間ですが、やらないといけないことは、忘れずに取り組めるようにしましょう。学年の仕事、学級の仕事、研修、プライベートなどで、色やマークを決めておくと一目でわかります。

プライベート

◇家族旅行

◇墓参り

03 年度末までの見通しをもつ

　よりよい学級集団をつくっていくには、生徒一人一人の自己肯定感や達成感を高めることが大切です。そのため、1学期の振り返りを踏まえて、2学期は学級としてどのような姿を目指すのか、生徒にどんな力をつけたいのか等、指導の目標を明確に設定しておくことが必要です。

　中学3年生は、入試があるため、他の学年よりも年度末に近づくにつれて忙しさが増してきます。学習予定と学校行事を照らし合わせて、年度当初の計画を見直し、年度末までを見通せるようにしておきましょう。

04 研修などに参加し 指導力アップ

　各教育委員会や各研究会では、経験年数やステージに合った研修や、各教科等の教育課程に関わる研修が用意されています。自校の先生だけでなく、他校の先生とともに勉強できる機会です。また、全国には達人と呼ばれる先生方もいます。雑誌やインターネットを活用し積極的に研修する機会をもちましょう。

　研修だけでなく、教育の枠を離れての活動もおすすめです。旅行や、やったことのないアクティビティに挑戦することもよいでしょう。視野や人間関係を広げることができます。また、それがひいては今後の指導に役立つ可能性もあります。見つけたことや気になったことを教材にできることもあります。

教室環境

▶ねらい

生徒が落ち着いて生活できる環境を整えます。必要な情報が生徒に分かるような掲示や整頓の工夫をしましょう。

▶指導のポイント

落ち着いて生活できるように、必要なものや情報がわかる環境を整えることが大切です。3年生になると、進路についての資料が教室に配布されます。生徒が「そんな情報知らなかった」「聞いてなかった」などのような状況にならないよう、「進路関係の資料はここにあるよ」ということを周知する、または目で見てわかるようにすることが担任として大切なことです。また、卒業までの時間をクラスで大切に過ごせるように、掲示物等を工夫して、最後までクラスのよい雰囲気づくりに尽力しましょう。

▶進路関係の資料

進路関係の資料（高校のパンフレットや高校見学会のお便りなど）が各クラスに配られることもあるかと思います。生徒の目に入りやすいように掲示や整理整頓の工夫をしましょう。

実践例1つ目は、パンフレット等を壁に掲示する方法です。「公立」「私立」「その他」などに分類して掲示するという方法です。二つ穴綴じファイルを使用すると、新しい資料を上から綴じていけますし、新たに文具が必要にならないので便利です。

実践例2つ目は、自由閲覧コーナーを設ける方法です。高校から送られてくるパンフレット等を自由に見られるコーナーを設けます。その際も上記同様に、「公立」「私立」「その他」などに分類しておくと、生徒自身が探しやすいですし、また見た後に戻す場所がわかるので、自分たちで整理整頓がしやすくなります。

その他にも、過去問を置いておくなどして、「進路コーナー」を充実させるとよいかもしれません。

その他の実践例

01 黒板の日付スペースの活用例

黒板は、一番生徒の目に触れるところなので、必要な情報＋クラスの連絡や役割などを掲示しておくとよいです。実践例としては、日付＋日直の横に「本日の目標」（日直が設定する）を掲示しておくと、目標を意識して生活できると思います。

また、その他にも、班、日直の係、欠席・遅刻者、本日の時間割、本日の連絡などを黒板の端に掲示することで、必要な情報が一目でわかります。ここで大切なのは、場所を固定しておくことです。どこを見れば何の情報があるかがわかるように、年度当初に確認するとよいでしょう。

02 お仕事カレンダー

クラス独自の整頓係、植物係、掲示物係など、係の仕事としての時間が設けられておらず自分のタイミングで行う係仕事は、仕事カレンダーを使用するのがおすすめです。可視化されることで、教員も生徒自身も自分やクラスの仕事の進捗状況がわかり、必要に応じて声かけをすることもできます。

資料掲示の例

黒板例

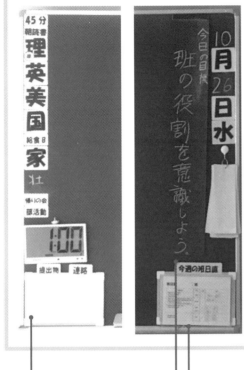

パンフレットの壁掲示例

パンフレットの自由閲覧コーナー例

「公立」「私立」などラベリングして分類しておくと整理しやすい。

連絡スペースは
端にまとめる。

その日、その週の目標を明示する。

03 卒業期 カウントダウンカレンダー

　卒業期には、「卒業まで〇日」などのようなカウントダウンカレンダーを作成すると、卒業期の意識づけができます。30人クラスで一人一枚生徒に書かせると、1ヶ月前からカウントダウンが始まります。クラスの人数や学年の意向に沿ってすすめてください。

卒業まで
あと
10日

進路選択に対する意識を高める 9月

▶ 9月の目標

　9月になり授業が再開します。学校に来ればみんなと会える日々が続きます。給食（弁当）も始まり、決まった時間に従って行動する一日が始まります。チャイムのない夏季休業中の生活のリズムを切り替えて、2学期の生活が順調に滑り出せるように指導していくことが大切です。

　2学期は学校行事が多いため、見通しをもって活動していくことが求められます。進路指導では、希望実現に向け、本格的に取り組んでいくことになります。進路説明会や進路面談を踏まえ、2回目の進路希望調査を実施し、進路選択に対する意識を高めていきます。

9月の学級経営を充実させるために

生徒への進路指導では

　本人のための進路選択なので、保護者のみの意向にならないように注意したいものです。入学後に本人がそこで何をしたいのか、その先にどうつながっていくのか、自分に合った学校なのか等を考えさせるきっかけになるように相談していきます。

家庭への進路情報の提供では

　初めての高校入試を迎える家庭は、公立高校の入試における選抜方法や、私立高校の入試システムを把握されていないことも考えられます。正しく理解してもらった上での進路選択となるように、しっかり説明し周知していきます。

夏季休業中の学習から

　夏季休業中に、担任は学習状況から学習上の問題点や悩みを把握し、教科担任と相談しながら学力が向上するように支援を行っていくことが大切です。学習に関するアンケートを取り、その結果を集約しておきます。集約結果から、悩みの解消対策や学習環境を整えていくことが大切です。

● 9月の学級経営の三本柱

　① 本人のための進路選択となるように支援する。
　② 家庭に進路の情報をしっかり周知する。
　③ 学習状況から学習上の問題点や悩みを把握し、教科担任と相談しながら支援を行う。

注意事項

　夏季休業中の課題は、しっかり提出できるようにし、評価しましょう。また、通知表（通知簿）などの提出物は早い時期に回収するようにしましょう。提出の際は確実にチェックし、漏れのないようにしまし

ょう。

進路指導　資料編

▶進路指導とは

　「進路」という言葉を聞くと、「進学」や「就職」といった出口指導が連想されますが、進路指導とは、自己の個性を理解し、主体的に「生き方」を選択する能力・態度を育てる指導です。最近では、より広い視点で将来を考えさせる指導として「キャリア教育」という言葉をよく耳にします。「進路指導」は生き方指導といっても過言ではありません。ですから「進学」や「就職」に関する指導は、進路指導のほんの一部に過ぎません。自らの意思と責任のもとで、よりよい選択と決定を行うために、「どんな課題があるのか」「どんな方法が有効なのか」について共に考えていきます。

▶進路選択に向けて

　将来希望する目標を達成するためには、いくつかの段階があります。まずはどのような道に進むのか、本人を交えて家族でしっかりと話し合うことが大切です。ほとんどの中学生にとっては、初めての「受験」を控えていることに大きな不安を抱える時期でもあります。生徒に寄り添い、必要なサポートを家庭でも進めてもらうようにお願いしていきます。学校では、学級担任が窓口となって進路相談にあたりますが、学年や学校全体で情報を共有し、統一した方針で生徒および保護者との相談・面談にあたっていくようにします。

進路路選択に向けて考えていくこと

① 自分を知る　　　　　　能力、性格、適性、学力、興味・関心
② 将来について考える　　何をしたいのか、どんな進路にしたいのか、なぜそこに進学するのか
③ 保護者の意向　　　　　進学や就職に対する考え方や家庭の方針
④ 進路について情報収集　どんな進路先（進学先）があるのか、教育方針の確認
⑤ 実際の条件　　　　　　通学面、校風、学力、経済面、本人の健康状態や生活習慣
⑥ 学力を身に付ける　　　希望進路先に向けた準備や努力。学習にふさわしい環境を整える

家庭へのお願い

① 本人の希望、適性、興味、学力を的確に判断する
② 話し合いができる雰囲気をつくる
③ 家庭の方針や考え方について本人の了解を得る
④ 学校案内や見学会・説明会などに積極的に参加する
⑤ 担任への積極的な相談と正しい情報の収集
⑥ 学習にふさわしい環境を整える

▶活動後のポイント

　定期テストに向け、定期テスト対策として学習係や各教科係が学習プリントを作成し、朝学習の時間に問題を解くようにするなど学び合いの時間を設けていくようにします。

夏休み後の
生徒観察

▶ ねらい

何回担任をしても、夏休み明けは心配事だらけです。生徒がスムーズに学校生活に戻れるように、担任が気を付けることを確認しておきます。

▶ 指導のポイント

自身が生徒の頃に夏休みが終わることを考えて憂鬱になったことはありませんか。「明日から学校」と嬉しかった人は少ないのではないでしょうか。

自分の好きなことをできる時間をたくさんもてた夏休み後は生活リズムが狂いがちです。

また、長期間会っていないこともあり、生徒に変化が起きている可能性もあります。夏休み明けは、生徒の変化を見ること、そして変化があれば、生徒の話を聞くことが担任の重要な役割と言えます。

■ 夏休み明けの教育

夏休み明けは、生徒が眠そうにしていたり、そっぽを向いていたりといった様子を普段以上に気を付けて観察しましょう。

生徒観察のポイント

01 遅刻をせずに登校したか

夏休みは生徒が自由に過ごせる時間が増えるので、生活が乱れがちです。夏休み中に昼夜逆転した生徒は、生活リズムが戻らなければ遅刻しがちになります。遅刻しても登校できたのであれば、初日はそれで構いません。ただし、初日に遅刻していなかったとしても、徹夜している可能性もありますので、1週間は要注意です。

02 表情、身だしなみの変化

夏休み前と比べて、表情、顔色、身だしなみに変化はないか、劇的に痩せていないかを確認します。夏休み前より服装が乱れている生徒は、心が乱れる出来事があったはずですから、生徒の話を聞く必要があります。保護者のネグレクト（育児放棄）の可能性も視野に入れます。

■夏休みが終わる前にやっておきたいこと

［夏休みの宿題をする場所を提供する］

　学習支援の必要な生徒、勉強嫌いの生徒を中心に宿題チェックを行います。「何で自分だけ」と言われそうであれば、部活で登校した時等を利用してクラス全員に聞くのもよいでしょう。あまりに終わっていなければ、それを理由に登校を渋る可能性が出てきます。勉強会と称して、「宿題を学校でやらない？」と声をかけることは、自力で宿題ができない生徒にとって救いになります。

［電話で生徒と話をする］

　特に行き渋りのある生徒にかけておくと効果的です。ただし、電話をかけたときに「来週から学校だよ」という言葉がけはやめましょう。担任から電話が来ている時点で、生徒にとっては既にプレッシャーです。「夏休みどう？」と生徒の近況を聞くだけで、学校が始まる現実が見えますし、担任と話ができた安心感は残ると思います。

03　人間関係の変化

　夏休み前まではベッタリだったのに、夏休み明けはそっけない等の人間関係の変化はないでしょうか。中学生もスマホを持つようになって、夏休み中も生徒たちはSNSでやりとりをしています。変化が見られたら、何気ない会話の中から情報収集をしましょう。

04　宿題が出ているか

　夏休み明け初日は、宿題が出ていることよりも、生徒本人の顔が見られたら、まずは一安心です。初日は忘れてしまったとしても、普段提出物を忘れない生徒が夏休みの宿題を出せていない状況が続くようであれば、何かあった証拠です。話を聞く必要があります。

不登校生徒への対応

▶ねらい

不登校は、どの生徒にも起こりうるという認識のもと、小さなサインも見逃さず、早期の対応をしましょう。また、長期の不登校の場合は、社会的な自立を目指した支援を行います。

▶指導のポイント

「義務教育の段階における普通教育に相当する教育の機会の確保等に関する法律」第3条第2号及び第3号において、規定されているように「不登校児童生徒が行う多様な学習活動の実情を踏まえ、**個々の不登校児童生徒の状況に応じた必要な支援が行われるようにすること**」「不登校児童生徒が安心して教育を十分に受けられるよう、**学校における環境の整備が図られるようにすること**」を指導のポイントとします。

■不登校の4つの時期

不登校生徒がたどる、一般的な経過や状態を理解しておくと、支援の方向性が見えてきます。

［前駆期］

何らかの要因で不安になり、休み始めるまで。

⇩

［進行期］

不登校が始まり、心理的に落ち込み、固定化されるまで。

⇩

［混乱期］

落ち込んだ常体が固定化し、改善の見通しが立たず、時間ばかりが経過。

⇩

［回復期］

心理的状態が改善され、一人での外出が自由になる。

指導の留意点

01 早期の適切な対応

すべての生徒が居心地のよい学級、学校を目指すことは学級経営する上での基本です。

その上で、生徒が欠席した時の対応として、1日目は電話、3日続いたら家庭訪問をする、というように休み始めた時こそ、直ちに対応をしましょう。不登校傾向に気づいたら、しばらく様子を見て対応を考えるのではなく、生徒との触れ合いの機会を増やし、話をよく聞いて、早期の適切な対応をしていきます。

さらに、部活動の担当や、教科担当、生徒会、委員会等の担当、養護教諭など、関係する教師や保護者から情報を集めて、生徒の様子を正しく把握しましょう。

02 すぐに家庭訪問を

学校を休み始めたら、間髪を入れずに家庭訪問をすることが大切です。生徒本人に会えなくても、保護者だけには会うつもりで訪問します。短時間でいいので、教師が心配していること、力になりたいことが伝わるようにします。会えない時は、手紙や電話など、本人がとりやすい形でコミュニケーションが図れるようにします。何を聞いても黙り込んでしまうこともあるでしょうし、勝手な思い込みで乱暴な言葉をかけてくることもあるかもしれません。しかし、基本はしっかりと聴き、ありのままを受け止めることから始めます。本人と会えなくても保護者とは会って話をしましょう。保護者も安心しますし、解決の糸口が見つかることもあります。

■不登校対応を連携

　学級担任のみならず教育相談担当教師など他の 教師がスクールカウンセラーやスクールソーシャルワーカー等の専門スタッフ等 と連携・分担し学校全体で行うことが必要です。加えて、必要に応じ、福祉、医療及び民間の団体等の関係機関や関係者間で情報共有を行うようにします。

03 生徒の状況を見極める

　不登校は、心理的な問題、いじめ、友達とのトラブル、虐待など家庭の問題、発達障害、その他、様々なことがきっかけや原因になっています。不登校の生徒がどのような状態にあり、どのような援助を必要としているか、その都度見極める必要があります。

　学校へ来ることができない状況のときでも、生徒と会うことができなくても、「いつも見守っている、見放していない」という思いを伝えるために、定期的な家庭訪問を続けましょう。学校に来ることができそうな状況になったときには、登校することの不安を受け止め、保健室などへの登校でもよいことを伝えて、登校を促しましょう。

04 長期化している場合

　不登校生徒の状況によっては休養が必要な場合があることも留意し、学校以外の多様で適切な学習活動など個々の状況に応じた学習活動等が行われるよう支援します。

　保護者に対しては、不登校生徒への支援を行う機関や保護者の会などに関する情報提供や指導要録上の出席扱いや通学定期乗車券の取扱い等を周知することも重要です。生徒に対しては、必要な情報提供、ICT等を通じた支援をします。学級担任だけでなく、教育相談担当教師、スクールカウンセラーやスクールソーシャルワーカー等と連携したり、福祉、医療及び民間の団体等の関係機関と情報共有を行ったりすることも考えられます。

4月　5月　6月　7月　8月　**9月**　10月　11月　12月　1月　2月　3月

進路希望調査後の指導

▶ねらい

　3年生には、一人一人に合わせて進路のサポートが必要になります。進路選択によって方法や時期が変わってくるので、進路希望調査を行った後の担任の動きを確認します。

▶指導のポイント

　中学校卒業後に高校に進学する生徒は全体の約99％ですが、それだけが進路ではありません。高校進学以外の選択肢もあるのですが、高校進学を選ぶ人が多すぎるため、中学校の後は高校と考えがちです。生徒に合った進路を選択してもらうとともに、高校入試と時期がズレてくることも考えられますので、進路希望で出てきた時点で、応募方法や時期、必要な書類を確認しておくとよいでしょう。

▶進路希望調査を取ったら

　進路希望調査は3年生の1年間で3回ほど行います。大抵の学校が夏休み前に1回目、夏休み明けに2回目、そして、入試相談の直前に3回目です。

　進路希望調査を取った後、担任がすべきことは進路希望を一覧にすることと、高等学校以外の進路を希望している生徒がいるかどうかを確認することです。高等学校への進学は中学校卒業後の進路の主流ではありますが、高等学校以外の学校に進学する生徒もいます。高等学校以外の学校（高等専門学校、専修学校、特別支援学校、サポート校）の入試は高校入試よりも少し早めに行われることが多いので、募集要項を早めに確認します。

　また、高校進学が主流であるため、それ以外の進路先はなかなかないので、事例も少ないです。一人で抱え込まず、学年の先生方と情報共有をしながら進めていく必要があります。

指導の留意点

01 高等学校進学

　高等学校に進学したいという生徒がほとんどです。しかし、同じ高等学校進学希望でも、一般入試ではなく、特別枠で入試を考える生徒もいます。私立で多いのが帰国生入試です。これは、帰国後の年数の指定が学校ごとによって違いますから、確認する必要があります。

　また、自治体によってあったりなかったり、呼び方が違ったりしますが、外国人特別枠での受検もあります。来日してから、数年程度であれば、この枠で受検できる可能性がありますが、パスポートや日本在住歴を証明する書類を用意する必要があります。希望が出てきた時点で、書類の用意を始めさせると安心です。

02 特別支援学校進学

　まれにあるのが、普通級から特別支援学校への進学です。特別支援学校への進学は、支援学校の入試を受ける場合と、インクルーシブ教育の2通りが考えられます。どちらにせよ、希望が出た時点で特別支援学級の担任に相談しましょう。保護者と本人に、特別支援学校卒業は大学受験の資格は得られるが高卒の資格ではない、という点を確認する必要があります。自治体や支援学校の種類によっては、療育手帳を有する条件があります。また、インクルーシブ教育の枠を使って、公立高校にある特別支援学校分教室に通う希望者には面接対策が必要となりますので、下調べが必要です。

中学校卒業後の進路

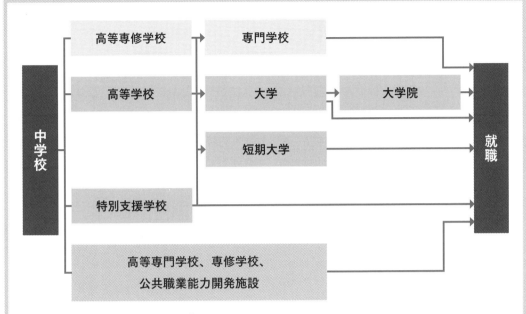

[進路のイメージを助ける手立て]

・自身や同僚が送り出した生徒の例など、進路例の引き出しを多くもつことが大切です

・進路指導と関連付けて、ニュースや新聞を見ることを促したり、社会と自身のつながりに
　目を向けさせてもよいでしょう

03 高等専門学校

　高等専門学校（高専）に進学を希望する生徒も
います。高校と違って、5年間の学校生活である
こと、そもそもの数が少ないので、希望が出てき
た時点で、ある程度真剣に進学を考えていること
がうかがえます。

　生徒が高等専門学校を受験する場合、担任が準
備することは、高校入試とほとんど変わりはあり
ませんが、高校入試の時期と微妙にズレるのが特
徴です。希望を出す生徒は、クラス（学年）で1
人いるかいないか、くらいの確率になるでしょう
から、スケジュールのチェックをしておく必要が
あります。

04 サポート校・フリースクール

　集団生活に苦手意識がある生徒、目的があって
時間を有効に使いたい、など様々な理由でサポー
ト校を選ぶ生徒が最近は増えてきている印象があ
ります。サポート校を受験するために準備するこ
とは、高校受験をする生徒と比べて大きな変化は
ありません。強いて言うのであれば、高校入試と
違って、入学試験の回数がたくさんあるのが特徴
です。希望が出てきた時点で、入試がいつあるの
か、何回あるのか、を調べておきましょう。生徒
のペースに合わせて、いつ受験をするか相談がで
き、生徒も余裕を持って準備ができます。

防災訓練

▶ねらい

災害発生時に生徒が自らの命を守るため、実践的な防災訓練を通じて生徒が自分の安全を確保する適切な行動ができるようにするとともに防災意識、防災スキル、防災対応能力を高めます。

▶指導のポイント

中学3年生は、体も成人に近づき、体力もあり、地域の学校に通っていることが多いため、現在も、将来的にも地域防災を担う人材であると考えられます。そのため、日頃から、防災意識を高め、防災に関するスキルを学び、防災対応能力を高めて、自分の命を守るとともに、地域のためにも働ける力を身に付けておくことが大切です。

▶地域の一員として（意識を育てる）

学校では、毎月のように、火災、地震、防犯などの避難訓練が行われています。中学3年生にもなると、防災、防犯訓練の意義を理解するとともに訓練の方法も身に付けています。

さらに、自分たちの住む地域に目を向けていけるようにしましょう。毎年、多くの地域で、防災訓練が行われています。このような機会を生かして、地域の一員であるという意識を高めます。

［防災マップ作り］

自分たちで防災マップを作ることにより、地域の防災上のウィークポイントを知り、被災状況をイメージすることで、災害を身近に感じることができるようにします。

［地域としての連携］

自分も地域の住民として、災害発生時には何が必要なのかを考えることで、自助から共助へと考えるきっかけとします。

指導の留意点

01 地域の防災マップを作る

防災について学習することを伝え、津波など災害が起きたとき、どう対応するかを考えさせます。対応策を考える際に必要な防災マップ作りについて説明し、協力して作ります。
○想定される被害状況を説明
○作業の手順を説明
・自分の家に赤シールと名前（黒ペン）
・津波予想の線を青ペン
・避難所になりそうな場所に緑シール
・幹線道路、鉄道に茶色ペン
・河川を黄色ペン
・危険箇所に赤ペンなど
○作業をやってみて考えたことをワークシートにまとめ、班ごとに発表

02 地域と共に防災訓練

模擬体験を通して、避難所運営上の様々な対応方法について理解できるようにします。
○地域の方と一緒に避難所運営を模擬体験
○その後、体験を通して気づいたことや考えたことなどの意見交流
避難所を運営する際に配慮すべきことを確認し、様々な立場の人が助け合って生活していくためには誰もが過ごしやすい場所でなければならないことを押さえます。

これからの社会を支える立場になる生徒に、地域の一員として役立ってほしいこと、周りに配慮できる優しい人になってほしいことを伝えます。

避難所受付訓練

簡易担架搬送訓練

応急救護訓練　AED講習

応急救護訓練　三角巾講習

マンホールトイレ設置訓練

情報処理提出訓練

配給訓練

応急給水訓練

4月　5月　6月　7月　8月　**9月**　10月　11月　12月　1月　2月　3月

学校説明会

▶ねらい

　秋になると、ほとんどの生徒が高校の説明会に参加します。高校進学のイメージをもつことに加え、中学校の代表として見られている意識を高めます。

▶指導のポイント

　進路選択をする上で、多くの生徒が高校に学校見学に行きます。学校見学の事前準備で必要なことを伝えることで、見学に行けなかった、という事態を防ぎます。

　また、実際に見学に行く時は、中学校の制服を着て行きます。制服を着ていることで、○○中学校の生徒という印象が強くなります。制服を着ていく＝中学校の代表として見られているということは必ず伝えましょう。

▶学校説明会のマナー

　高校によりますが、学校説明会等、受験生が訪問してくる場合、訪問者リストを作っている場合があります。中学生の印象がその中学校の印象となってしまう可能性があるので、以下のことは保護者も含めて気をつけるように伝えましょう。

[公共交通機関を使う]

　高校周辺に駐車場があるかもしれませんが、そもそも車での来校を禁止している学校もあります。高校だけを見るのではなく、通学路も同時に見るとよいでしょう。

[説明会中はスマートフォンを触らない]

　常識だとは思いますが、気がつけば無意識にスマートフォンを触っている人が多い気がします。説明会や見学の間はマナーモードにするのも忘れずに。

[欠席の場合は連絡を入れる]

　事前申し込み制の場合は必ず高校に欠席連絡を入れます。「出席のはずなのに来ない」と高校側も心配し、中学校に連絡がくることもあります。

指導の留意点

01 学校説明会に行くために

　高校を見学しに行くチャンスはいくつかあります。学校説明会、文化祭、体験授業と名前は様々です。体験授業は、事前申し込みをしなければならない場合があります。手取り足取り面倒見る必要はありませんが、声かけは必要です。

02 学校説明会に必要なもの

　説明会の前々日くらいから、説明会に必要なものを確認します。体験授業に参加するのであれば、持参しなければいけないものが増えるかもしれません。特に、上履きが必要かどうかは、中学校から持ち帰り、持参することになるので、重要なポイントです。

■学校説明会に向けての注意事項

説明会の持ち物

- □ 通学かばん…配られる資料を入れる
- □ クリアファイル…紙の資料を入れる
- □ 筆記用具
- □ 生徒手帳…何かあった時のために
  中学校と見学にいく高校の電話番号を
  控えておく
- □ 上履き…指定がない場合は持っていった
  方がよい
- □ 現金…IC カードのチャージだけでは
  不十分の場合もあるため
- □ 水筒（飲み物）
- □ ハンカチ・ティッシュ

確認事項

- □ 開始の時間
- □ 高校への行き方
- □ 中学校と高校の電話番号
- □ 持ち物
  →体験授業、部活動体験に参加の
  申し込みをすれば当然、持ち物も
  増えます。

個別の学校説明会だけでなく、地区の公立学校の合同説明会や、私立学校が多数集まるような合同説明会などでも、同様に、マナーや注意事項を意識させるようにしましょう。

03 身だしなみ

学校説明会の前に、担任として指導したいのは、身だしなみです。制服が汚れていないか、スカートやスラックスの丈が短すぎないか、など生徒が自分でチェックできるとよいです。たとえ見に行くだけだとしても、中学校の代表として見られることを伝えましょう。

おしゃれ	身だしなみ
自分のためにするもの	周りの人を不快にしないために気をつけること
・自分の好きな格好	・清潔感…着こなし、頭髪や爪
・着ることで自分が楽しんでいる	・機能性…相手やその場、目的に合わせる
・自分の好みの主張	・品位

04 あいさつ

身だしなみの他に指導したいのが挨拶です。高校の先生直接話をする可能性もあります。緊張してしまい、言葉遣いで少し失敗してしまうこともあるかもしれませんが、最低限、挨拶だけはハキハキと行えるとよいでしょう。

行事への取り組みを通して、学級としてのまとまりをつくる10月

▶ 10月の目標

　10月になり、中学校生活も残すところあと半年となりました。生徒会活動や部活動も下級生にバトンタッチし、3年生は進路中心の学校生活を送るようになります。そのため、学級でのまとまりを欠いたり、孤立的な考えに陥りやすくなったりします。そこで文化祭や合唱コンクールという行事への取り組みを通して、学級としてのまとまりをつくっていきましょう。

10月の学級経営を充実させるために

生徒自身が耕し、成長させる

　秋は、芸術の秋、読書の秋、スポーツの秋、学習にじっくり取り組める秋。たくさんの実りを期待できる季節です。3年生の文化祭は中学校時代の最後の文化祭となります。学級での参加については学級会を開き、ステージ発表か学級展示か検討し、計画的な参加となるようにします。「文化」はラテン語の「colere」に由来します。耕すとか育てるとかの意味があります。生徒自身が耕し、成長させていきたいものです。合唱コンクールでは、学級の目標を設定し、学級全員の気持ちが一つになった歌声を作りあげることができるように支援していきましょう。

地道で根気強い取り組みをさせる

　何事も一つのことを完成させるには地道で根気強い取り組みが必要となります。文化祭や合唱コンクールの取り組みでは、練習時間や準備期間が十分取れないなか様々な苦労をすることになると思います。苦労したなら苦労した分の貴重な経験が、生徒自身の力となっていくことを実感させたいものです。

心の通い合う学級の雰囲気をつくる

　この時期、進路については、より現実的になり、心の葛藤も多くなってきますが、諸活動に意欲的に取り組ませながら、心の通い合う学級の雰囲気をつくっていくことが大切です。

● **10月の学級経営の三本柱**

　① 合唱コンクールでの学級目標を設定し、学級全員の気持ちが一つになった歌声を作りあげる。

　② 文化祭などの行事を通して生徒個々の力を成長させる。

　③ 諸活動に意欲的に取り組ませながら、心の通い合う学級の雰囲気をつくっていく。

注意事項

　文化祭や合唱コンクールの準備や練習の際に人間関係などで悩み、ストレスを感じている生徒もいます。行事の時こそ、より深く生徒を観察し、きめ細かな指導を行っていく必要があります。

合唱コンクールを成功させよう

　3年生の合唱コンクールは、中学校生活で最後の合唱コンクールとなります。学級全員の参加意欲を高め、学級全員の気持ちが一つになった歌声を作りあげることができるようにしましょう。

▶ねらい

　合唱コンクールの学級での目標を決め、参加意欲をもたせることがねらいです。

▶活動例

● 学級会前の取り組み

① 活動計画案を学級プログラム委員会（班長会）が作成。

② 合唱コンクールについてのアンケートを学級プログラム委員会が作成。

　　・どのような合唱にしたいのか　　・学級の一員として自分はどのようにしていけばよいのか

● 学級会を開く

① アンケート結果と分析を発表。

② 合唱コンクールの学級の目標を決定。

③ 学級の目標を達成するために各個人がどのようにしていけばよいのか、何ができるか個人の目標を考える。

〇合唱コンクールに向けての学活資料

[合唱コンクールの意義]

＊生き生きとした合唱活動を通して、協力し合い、クラスの和をより深めるとともに、創造する喜びを味わう場とする。

[このような文化祭のねらいを受けて、合唱コンクールで達成したいこととは]

＊クラスのまとまりをつくる

　・クラスの一員であるという自覚が生まれる　・クラスの全員が一生懸命になる

　・自主練習を積極的にできるようになる

＊感動を得ることができる

　・何か一つのことをやり遂げた気持ちになることができる

　・みんなで歌い合わせる喜びを味わうことができる　・中学校生活のよい思い出になる

[指揮者・伴奏者・曲の選び方]

＊指揮者の条件

　・その曲の拍子が指揮できる人　・クラスの信頼があり、引っ張っていける力がある人

　・リズム感がいい人

＊伴奏者の条件

　・ピアノを習っている人　・やる気のある人

＊曲の選び方

　・学級担任の思い入れからのアドバイス　　・レベルに合っていること（できれば少し高いものを選ぶ）

〇担任からの練習のポイント

　・整列、並び方は見た目も大切

　・歌い出し、終わり方をそろえることに気をつける

　・曲の山、いわゆるサビの部分、聞かせどころをどう盛り上げるか。表現力の見せ場

　・歌っているときの顔、眉毛を上げることで表情が豊かになり、不思議なことに声質も変わる

　・言葉を大事に歌う。合唱には歌詞があり、音だけでなく言葉で伝えるようにする

合唱コンクール

▶ねらい

学級担任が思い描くクラス像に近づくよう合唱コンクールの練習などを通してつくり上げていきましょう。

▶指導のポイント

合唱コンクールは、歌を通してクラス全員が一つとなることができる行事であり、クラスの団結力が問われる学校行事です。しかし、歌が上手な生徒もいれば、当然苦手な生徒もいます。クラス全員が心を一つにして頑張れる雰囲気づくりが必要です。合唱コンクールを通して、どのようなクラスになってほしいのか、そのためにはどのようなことを意識して取り組んでいかなければならないのかを担任として熱く語り、生徒の意欲を高めます。

▶パート練習の工夫

パート練習のとき、教室、教室前の廊下などを利用することになるので、場所を決めるなど、生徒たちで練習が進められるようにしましょう。

また、ずっと付きっきりで練習を見ていられないので、その場その場で担任がアドバイスをしたり、よいところを褒めたりするといいです。

指導の留意点

01 曲決め＆意識づけ

クラスの曲はよく考えて決定しましょう。ただ生徒が歌いたい曲ではなく、クラスの雰囲気や中学3年としてふさわしい曲なのかを含めて選曲しましょう。

また、合唱コンクールを通して担任としてクラスの方向性や雰囲気など、具体的なイメージを伝えましょう。ただ歌うだけなら生徒は歌うでしょうが、歌詞の意味や作曲者の思いなど、合唱を通して何を感じ取ってほしいのか、どんなことを考えてほしいのかなどのイメージをもたせることで生徒一人一人の成長や充実感につながります。早めの選曲と歌詞カードの作成、模造紙などを使った拡大歌詞を作るなどの工夫も必要です。

02 リーダー育成のチャンス！

合唱コンクールでは、パートリーダー、指揮者、伴奏者など前に出て活躍できる人がたくさんいます。リーダーたちが自分たちで行事をつくり上げたという自信がもてるよう、練習の仕方や指示の出し方など徹底させましょう。どんな小さなことでも認め、褒めてあげることが大切です。

また、合唱練習が終了後には、指揮者や伴奏者を含めた定期的なパートリーダー会議を行います。その日の取り組みを反省することで、課題を見つけ、次回の練習のねらいや目標を決め、チームとしての意識向上につながります。学級通信などを利用して、取り組みや練習の雰囲気を紹介することも生徒のやる気につながります。

■コンクール前後の学級通信

　コンクール前の学級通信で、それまでの合唱練習を振り返るとともに、本番に向けての応援の言葉を愛情を込めて伝えられるとよいです。

　コンクール後の学級通信では、まず、担任が感動したことを書きます。

　もし、最優秀賞を受賞できたのなら、「おめでとう」「頑張ったね」の言葉をかけてあげたいです。

　当日良かったことをどんなところがよかったか、具体的に書けるとよいです。

03　合唱コンクール前日＆当日

　前日は本番に向けてモチベーションを上げて終われるようにしましょう。下級生を含めた他のクラスと合同練習を行うことや、映像を撮ってクラス全体で鑑賞し、細かな点を修正することも必要です。合唱コンクール当日は時間をかけて話をすることはできません。担任として、成長したクラスの姿を褒めることや、パートリーダーに話をしてもらうなど、生徒全員に自信をもたせる工夫も大切です。

　合唱コンクール当日は、生徒は緊張しています。「楽しんでおいで」など、担任として一声をかけてあげましょう。特に、指揮者や伴奏者には声をかけ、歌い始める前には必ず全員の顔を見て笑顔をつくるよう話をしましょう。

04　合唱コンクールが終わったら……

　合唱コンクール終了後には、必ず振り返りをしましょう。そして、指揮者や伴奏者、パートリーダーには、具体的な評価やねぎらいの言葉をかけましょう。しっかりと振り返りを行うことで、今後のクラスづくりにつなげていくのが大切です。合唱コンクールの結果だけを見るのではなく、よい結果であれば何がよかったのか、また、もっと素晴らしい合唱にするためには何が必要なのかをクラスで話し合い、次の学校行事や学年行事、またクラスの取り組みにつなげていきましょう。

　学校行事などの節目にクラス全員で集合写真を撮り、教室に掲示することで成長の度合いやその行事の取り組みを思い出すこともできます。

文化祭

▶ねらい

　文化祭の振り返りを通して、生徒が自己理解を深め、自分のよさに気づき、今後の生活に生かすことができるようにします。

▶指導のポイント

　文化祭では、生徒主体で活動する意識を高め、一人一人が活躍できる場となるように支援します。互いのアイデアを否定せず、様々なアイデアを出し合って、それぞれのよさや違いを認めることで多様性を尊重する風土を醸成します。また、集団における個人の役割や目標を明確にして取り組むことにより、振り返りを深めることが可能となります。文化祭当日に至るまでの過程と、その後の生活につながる振り返りを大切にしましょう。

▶活動を支えるワークシート

　文部科学省は、学校行事のキャリア・パスポートを例示しています。学校で統一したワークシートを作成して取り組むことができるようにするとよいでしょう。1年生から3年間、同じ書式を使うことにより、生徒は毎年同じ視点で文化祭に取り組み、振り返ることができます。

　ワークシートには、「事前」「事後」に分けて書き込む欄を用意します。目標や、その目標を決めた理由や根拠を明確にして取り組み、文化祭後には、体験を通して学んだことを振り返りましょう。また、友達、保護者や先生からのメッセージ欄も設け、さらに、それらのメッセージを読んで考えたことを記入することができるようにします。文化祭の体験と実生活を関連付けて、自分が成長したことを記入できるようにしましょう。

指導の留意点

01 文化祭までの活動

　文化祭に向けて目標を設定する際には、学年・学級目標を踏まえて、どのような文化祭にしたいのか合意形成することが大切です。また、自分は何ができるのか、明確な個人目標を意思決定します。常に、目標を意識できるように声をかけましょう。

02 文化祭当日

　文化祭当日は、これまでの取り組みの成果を十分に発揮して、生徒一人一人が自分らしく活躍することができるように支援します。協力して取り組むことのよさや達成感・充実感を味わうことで、大きく成長することができる機会となります。

[文化祭の振り返りシート]

文化祭（3年生）

（事前）　　　　　　　　　　　　記入日　　年　　月　　日

文化祭での目標（自分の役割など）

そう思った理由

目標を達成するために準備すること

（事後）　　　　　　　　　　　　記入日　　年　　月　　日

目標を達成するために、がんばったこと

心に残っていること

自分が成長したと思うこと

今回の体験・経験を踏まえて、今後生かしていきたいこと

先生からのメッセージ	メッセージを読んで考えたこと

キャリア・パスポート例示資料を参考に作成します。「事前」と「事後」に分けて記入します。先生からの温かいメッセージを残しましょう。

[頑張り認め合いカード]

文化祭で発見★友達のキラリ

（　　　　　）さんへ

（　　　　　）より

（　　　　　）さんへ

（　　　　　）より

（　　　　　）さんへ

（　　　　　）より

（　　　　　）さんへ

（　　　　　）より

お互いの頑張りをカードに記入しグループで交換することも効果的。カードは、グループ内で全員に書くようにし、もらえない人がいないように配慮しましょう。

03 文化祭後の振り返り

文化祭の前に立てた目標について振り返ります。互いの頑張りを認め合うと同時に自分のよさや努力に気づくことができるようにします。少人数で互いに、よかった点をメッセージにして交換する活動なども効果的です。友達からの言葉が励みになるでしょう。

04 キャリア・パスポートの活用

文化祭で学んだことや気づいたことを、その後の学校生活や卒業後に生かすことが大切です。読み返したとき、残りの学校生活や人生の支えとなるように、先生や保護者からの温かい言葉を添えましょう。

成績と志望校

▶ねらい

生徒が志望校を決められるように、担任として事前の準備が必要です。準備のコツを得ることで、悩む生徒の手助けができるようにしましょう。

▶指導のポイント

10月に入り、3年生の前期の成績が出るといよいよ、具体的な志望校の話になってきます。実際に受ける学校を決めるのですから、悩んで当然です。

・見学に行った学校から志望校を決める
・志望校は生徒が決める

この2点が主軸になります。家庭によっては、この軸がないこともあります。担任としてこの2点は大切なポイントですよ、と伝えておきましょう。

▶見学する学校を決めるために

志望校がなかなか決められない生徒はたくさんいます。また、将来何をしたいか具体的にわからない生徒はもっといます。しかし、どんな高校生活にしたいか、10年後の自分がどのような仕事をしているか、という漠然としたイメージはあるはずですので、そういった問いかけをしてみるのも手です。

また、親子で意見が食い違う場合もあります。そのような時は、親子の前では中立的な立場を心がけましょう。親が担任を味方につけて、子どもを説得しようとするケースが多いからです。保護者の言い分を聞くことは必要ですが、味方についてしまうと生徒が追い詰められてしまいます。ポイントは親子の前では「中立でいるということです」というところにあります。保護者の前で意見が言えなそうだな、と判断した場合は後日（なるべく早く）個別で生徒の話を聞きましょう。この時は、生徒の味方になってあげてください。

志望校の相談を受ける前にしておくこと

01 成績を確認しておく

成績を出すときに何度も確認を行うので、ミスはないと思いますが、担任として先に目を通しておきましょう。そして、出された成績に担任として疑問点があれば、教科担当にあらかじめ聞いておきましょう。

成績が確認できたら、次は基準の確認です。私立高校では、内申の基準が様々です。3教科（/15）、5教科（/25）、9教科（/45）が主な基準ですが、中には2年と3年の5教科の成績を合わせたり（/50）、という学校や、3教科に特定の教科を加えたり、と学校独自の方法で出しています。また、基準は毎年少しずつ変わる可能性もありますから、この確認は慎重に行ってください。学年の先生と一緒に行ってもよいでしょう。

02 私立高校（併願校）の基準を確認する

一通り目を通したら、志望校（私立）の基準と成績が合っているかどうか、を確認します。その際、推薦試験と併願試験の基準が違う学校が多いので、間違わないようにしましょう。進路ファイルノートに基準に達しているか、あとどのくらい足りないのかをメモしておくと、相談された時にすぐに答えることができるでしょう。

基準に足りなかった場合は、加点制度がある学校がありますから、加点の有無も確認しましょう。また、特待生の基準を出している学校もありますので、併せてチェックしておくと学校選びの要素の一つとなります。

■志望校決定での指導

[志望校が決められない]
将来やりたいこと
- スーツで仕事　　→　普通科
- 作業着で仕事　　→　電気科・工業科も視野に入る
- 制服で仕事　　　→　看護科・福祉科も視野に入る

高校3年間で頑張りたいこと
- 勉強　→　カリキュラムをチェック。英語が多め、数学に力を入れている等の特色があるはず
- 部活　→　高校にその部活があるか。ついて行けるレベルか
- アルバイト　→　アルバイト可の高校や定時制高校も視野に

大学に行きたい
- 高校に補習制度などが存在するか
- 大学附属高校→勉強したい学部があるかどうか
- 公立&予備校のお金＝私立のお金

[成績を確認する]
基準に達している
- 特待制度があるかを確認

基準に達していない
- 加点制度があるかを確認

03　高校を紹介するとき

　首都圏の場合は特に、学校数が多くて選べないというつぶやきも保護者から出てきます。多すぎるので、「どこがいいですか」と聞かれるケースは珍しくありません。そのような時は、受験案内を大いに活用しましょう。

　受験案内は、書店で2,500円くらいで購入できます。首都圏版の受験案内には「併願校の例」という項目があります。その項目には必ず複数校の名前が載っていますから、そのまま見せるのが一番わかりやすいかと思います。どの学校のページにも併願校の例が載っていますので、その中から見学に行く学校を探してもらうとよいでしょう。GIGA端末があるので、学校説明会の日程を調べるのも難しくないはずです。

04　公立か私立かについて

　また、大学進学を考えて、公立高校に進学してほしいという保護者もいます。しかし、公立高校に通いながら予備校に行くと、「私立高校に通うのと大差ない」と判断したご家庭もありました。その辺りの懐事情はご家庭にお任せするしかありませんが、一考の余地はあると思います。

　他に、「大学進学を考えて大学附属へ」という希望もあります。この場合注意しなければいけないのが、大学の学部です。せっかく附属高校に入学しても、いざ大学進学をするときに、学びたい分野の学部がなかった、ということも考えられます「勉強したい分野の学部は、その大学にありますか」と一声かけておくとよいでしょう。

進路に関わる保護者対応

▶ねらい

いろいろな生徒がいれば、いろいろな保護者もいます。特に進路のトラブルはこじれやすいものです。丁寧な準備と心構えで対応することで、大きなトラブルは回避できます。

▶指導のポイント

中学校3年間で保護者と話しをする機会はたくさんありますが、一番気をつかうのが、この10月以降です。前期の成績が出ると、高校受験の話もより具体的になってきます。生徒・保護者それぞれの思いが交錯し、悩んだり、親子喧嘩したり、となるのもこの時期です。生徒それぞれのドラマがありますので、進路選択はスムーズに行くことはないという、くらいの心構えでいると丁度いいのかもしれません。

▶担任としての準備と心構え

・進路ファイル（ノート）を用意する

進路の相談をしていると、時々誰のどの相談だったのかわからなくなってしまうことがあります。担任が記憶違いをした、違う生徒と勘違いをしていたとなると必ずトラブルになるので、逐一記録を取ります。

・「塾で言われました」は気にしない

塾の進学指導により、「塾で受かるって言われました」と言う生徒もいます。担任として厳しいと感じればそう伝えますが、あくまでも志望校を決めるのは生徒です。『塾と張り合わない』がベストです。

・そもそもスムーズに行くわけがない

中学生にとって人生初の岐路です。場合によっては中学生をもつ親にとっても初めての経験です。悩んで当たり前なので、何度も意見が変わると思います。そんなものだ、と思っておくと担任も余裕ができます。

保護者対応のポイント

01 兄・姉が受験を経験しているか

兄姉がいる生徒で、近い年に高校受験を終えている場合、保護者も親としての高校受験を体験しています。入試までの一連の流れや内申の出し方など前の子の経験をもとにイメージができます。しかし、第一子の場合は親も初めての経験が多く、心の余裕がない（もてない）ことも考えられます。人は見通しがもてると安心するものです。受け持っている生徒が第一子なのか、そうではないのかという点をチェックしておくことで、保護者が何を不安に感じているのかを予想でき、丁寧な対応ができると思います。

例外として、兄姉がいても歳がかなり離れていたり、引っ越してきて受験システムが違ったりすると、第一子と同じ丁寧さが必要になります。

02 親のスタンスを探る

高校受験は多くの生徒にとって人生初の試練です。すでに経験している親や教員にとって生徒を見ていてもどかしい思いをします。進路選択に向けて奮闘する生徒を見守るスタンスがベストであると思いますが、なかなか難しいものです。特に保護者としては、子どもを何とかしなければいけない、と必死です。中には、子どもの受験ではなく、親の受験のようになってしまうこともあります。

逆に、本人に任せてます、と言いながら何のフォローもない放置に近いご家庭もあります。前者のような保護者の場合は、生徒が親に意見を全く言えないという状況も出てきます。後者のような保護者の場合は、親としての動きを伝える必要があります。保護者のスタンスによって、対応が変わってきます。

■進路ファイルの例

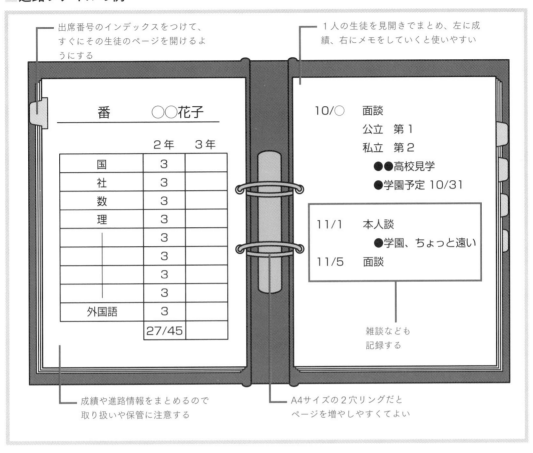

出席番号のインデックスをつけて、すぐにその生徒のページを開けるようにする

1人の生徒を見開きでまとめ、左に成績、右にメモをしていくと使いやすい

番　　○○花子

	2年	3年
国	3	
社	3	
数	3	
理	3	
	3	
	3	
	3	
	3	
外国語	3	
	27/45	

10/○　　面談
　　公立　第1
　　私立　第2
　　　●●高校見学
　　　●学園予定 10/31

11/1　　本人談
　　　●学園、ちょっと遠い
11/5　　面談

雑談なども記録する

成績や進路情報をまとめるので取り扱いや保管に注意する

A4サイズの2穴リングだとページを増やしやすくてよい

03 学校は見て決める

　大学進学に有利な、有名高校に入りたい（入れたい）、なんて言葉は進路面談でたくさん聞きます。中には、学校見学に1校も行っていませんが大丈夫です、と胸を張る保護者もいます。すでに大学受験に向けての視点があるのは素晴らしいことです。しかし、こういった親子に足りていないのが、実際に通う、3年間生活する、という視点です。生徒本人がどういった高校生活にしたいのかは、実際に学校のカリキュラムや雰囲気を見ないとわからない、気がつかない点もあります。学校見学には必ず行くように促します。

　また、見学に行ったという学校を担任は控えておきましょう。見学に行った学校を書き留めておくとその都度聞く必要がなく、保護者の安心感もアップします。

04 言葉がけ

　進路について悩んでいて、保護者も余裕がないと、「うちの子受かりますか」と聞いてくる保護者も少なくありません。「大丈夫です、受かります」と発言して実際ダメだった時、「先生はあの時受かるって言った」と突っ込まれます。状況的に言わざるを得ない時もあるかもしれませんが、「内申的に余裕はありますが、当日の試験結果もありますし…」など、明言は避けるべきです。

　また、保護者からの相談に乗るうちに担任もよくわからない案件が出てくることがあります。そんな時は、「勉強不足ですみません。詳しく調べて後日ご連絡いたします」と持ち帰り、学年の先生と疑問点を共有した上で、電話連絡をするのがベストです。電話でお伝えした内容をメモしておくのも忘れずに。

個人ノート

▶ねらい

個人ノートでやりとりを継続していくことで信頼関係ができ、生徒も安心して担任に相談することができます。同時進行で生徒が悩む時期なので漏れを防ぐこともできます。

▶指導のポイント

悩みが多いのが中学生ですが、進路について親子で悩むのがこの時期です。成績の悩み、どの学校に見学に行けばよいのかわからない。保護者との関係がよくない、進路の意見が親子で食い違うなど、悩みは多岐にわたります。個人ノートを活用することによって、生徒の悩みや置かれている状況をキャッチすることができます。また、早めの対応をすることもできます。

▶個人ノートって？

お題を出し、それについて思うことを書いてもらう

「悩みを書け」で書ける生徒はいません。逆に書きたい生徒もいるので、「お題＋その他」としておくと、より多くの生徒のつぶやきが得られます。

交換日記ではない

返事は書きません。書かないから「個人ノート」です。書いた返事のニュアンスが伝わらないことがあるからです。返事の代わりにスタンプを押します。

メモ帳サイズの大学ノートが望ましい

ミニサイズだと使い切れますし、表紙があることで、一斉に配布したり集めたりする時に、プライバシーが守られる安心感があります。

4月から定期的（月1回程度）に取り組むと、いきなり感がなく活用できます。夏休み後に月2回に増やしていくとよいでしょう。

個人ノートの活用

01 個人ノートのルールを伝える

生徒に伝える内容
・担任⇄生徒のやりとりにしか使わない
　→必ず守ることで信頼感が増える
・返事は書かない。代わりにスタンプは押す
・日付とお題を書く
・担任が指定したお題について書く

02 個人ノートの書き方

書き方
・日付を書く
・学校行事やクラスの状況に合わせたお題を1つ
　＋その他をノートに書く
・集める→担任が保管

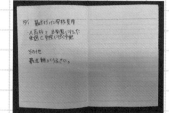

■個人ノートのお題例

［４月］
・新しいクラスについて

［５月］
・体育祭

［６月］
・修学旅行に向けて

［７月］
・面談を前に思うこと

［８月］
・夏休みの思い出

［９月］
・後期に向けて

［10月］
・見学に行った高校について
・最近親と話したこと

［11月］
・最近嬉しかったこと
・面談に向けて

［12月］
・勉強以外で心配なこと
・冬休みの息抜きにしようと思っている
　こと

［１月］
・入試が終わったらやりたいこと

［２月］
・卒業までにやりたいこと

［３月］
・36ヶ月の中学校生活

　生徒の様子を見て、「これが必要」「これを聞いておきたい」というものがあれば、一度に２つのお題を出すのもありでしょう。

03 ノートを読んだ後

書かれた内容をチェック
・内容を読んで、スタンプを押す
・読んでいて緊急性を感じたり、一度話をしておいた方がいいな、という生徒は翌日以降に呼んで詳しい話を聞く

04 学校見学の際にも使える

学校見学に持っていってもよいです。
志望校や見学に行った学校も生徒が知られたくない内容の一つです。学校見学に行く際に持って行き、よかったポイントなどをメモするという活用もできます。

温かい学級生活の見直しの11月

▶11月の目標

　この時期になると進路に係る不安や焦りを抱く生徒が多くなります。学習が思うように進められなかったり、成績不振で悩んで落ち込んだりする生徒も出てきます。そこで進路希望実現に向けて、学級の学習意欲を向上させるとともに、和やかな学級の雰囲気をつくり出し、級友同士で励まし合えるような温かい学級づくりを行っていきましょう。

11月の学級経営を充実させるために

一致団結して進路の壁を乗り越える

　この時期になると、進路希望先も決まりつつあり、学級は「まとまり」よりも個々の目標に向けて動いていく雰囲気が漂い始めます。そこで、こんな時期だからこそ、お互いに励まし合い、一致団結して進路の壁を乗り越えるようにしていきたいものです。

教室環境の充実

　大きな行事が終わり、進路実現に向けて、学習にも熱が入ってくる時期です。学級の雰囲気を和ませるために教室の掲示物を工夫して落ち着いた温かい教室環境をつくっていくようにします。教室は一日の生活の場です。居心地のよい場所でなければなりません。明るい教室、温かみのある教室になるように、班や係でアイデアを出し合い、皆で協力して作成していくようにします。

温かい人間関係づくり

　学級の学習意欲を向上させるとともに、和やかな学級の雰囲気をつくり出し、級友同士で励まし合えるような温かい人間関係づくりを行っていく必要があります。

●11月の学級経営の三本柱

　① お互いに励まし合いながら進路の取り組みを行う。
　② 温かい人間関係づくりを意図的に行う。
　③ 学習環境を整える。

注意事項

　大きな行事は終わりましたが、行事が続いていた時期から学級は落ち着かない状況が続くことがあります。また、学習に不安のある生徒は、行動や気持ちも不安定になってきます。そこで、この時期に担任として意識したいことは、生徒に日常的に声かけを行い、見守る姿勢を見せることです。そして共感的な人間関係を築きながら、きめ細かな指導を心がけていくことが大切です。

温かい学級生活の見直し　学級目標を考える

▶ねらい

・学級目標を確認させ、これからの取り組みと実践内容を決めさせ、学級目標に修正が必要な場合は改めて学級目標を決めさせるようにする。
・進路決定に向けて、どんな学級にしたいか話し合い、お互い理解し合うようにする。

▶活動例

●学級会前の取り組み

・学級プログラム委員会（班長会）で班長から今の学級の現状を聞き分析
・学級プログラム委員会で会議の進め方の検討と提案内容の決定
・学級目標が達成できるようにする具体的な取り組み案を考える

●学級会を開く

・学級目標の確認
・学級目標に修正が必要な場合は修正する
・進路決定に向けてどんな学級にしたいか話し合う
・お互い理解し合うように促す
・これからの取り組みと実践内容を決める

●事後の取り組み

　生徒一人一人が学級の一員であることを意識し、学級目標を達成できるように努力させます。これからの取り組みと実践内容を具現化していきます。

●学級目標の確認とともに生徒の変容も確かめる

① 協調性が高まり、集団生活を送ることができるようになったか
② 自主的自治的な行動ができるようになったか
③ 慎重に判断して行動することができるようになったか
④ 自律心が強くなり正しい行動ができるようになったか
⑤ 目的をもって行動するようになったか

▶活動後のポイント

　学習環境を整え、落ち着いた温かい教室環境を作っていくことが大切です。

●教室環境の重要性とは

　親しみがもてて居心地のよい教室を作っていきましょう。担任は、気持ちよく学習に取り組める教室環境を生徒と一緒につくりあげることが大切です。教室環境を大切にしていくことが学級のまとまりをつくりあげていく上で大変重要な要素となります。

自己開示

▶ねらい

　自分のことを新たな視点で見つめ直すとともに友達の人物像についても考えを広げ、相互理解を深めます。

▶指導のポイント

　5種類の図形から受ける印象を考え、自分のイメージに近い図形を選びます。自分のことを語ることに、苦手意識をもっている生徒も、図形を基にすれば、語ることができます。2人組や4人組になり、友達の話に耳を傾けます。自分自身についてしっかり語ったり、相手の意見をしっかり聞いたりできるようにします。相手の話は、否定したり、さえぎったりせず、最後まで聞くようにします。

▶振り返りシート

> 　アクティビティの最後は必ず活動の振り返りをしましょう。
>
> **今日の活動を振り返って**
> （1）相手の話を真剣に聞けましたか
> （2）自分の考えをはっきりと言えましたか
> （3）友達のことがよくわかりましたか
> （4）（　　　　　　　　　　　　　）
> （5）（　　　　　　　　　　　　　）
>
> ※（4）（5）は、自分で考えましょう。
> 感想
> 　

　アクティビティの最後は必ず活動の振り返りをします。この振り返りで体験したことが考えを広げることにつながります。大切ですので、必ず時間を確保して行うようにしましょう。

指導の留意点

01　活動の説明を聞く

　まず、冒頭で下記のめあてを提示する。

> **めあて**
> 自分の考えに自信をもち、友達にはっきり伝えよう

　始めに「今日は『自分とは何か』を探ります。5つの図形を使って、自分を見つける活動を行います。」と伝えます。
　めあてに沿って、自分の考えを伝え、話を聞くときは、相手の話を否定せず、他の人にも伝えられるようにしっかり聞くことを促します。

02　活動をする

　まず、5分間で、5つの図形から受ける印象やイメージをワークシートに書き出すようにします。
　次に、5つの図形の中で、自分の感じに近いものを選んで、その理由を書くようにします。どうしても書けない生徒には、空欄のままでもいいことを伝えます。

わたしのイメージ

月　　日　　年　組　名前＿＿＿＿＿

◆それぞれの図形から受ける印象・イメージを書きましょう

選んだ図形

選んだ理由（自分の性格や生き方と似ている点）

　　自分の特徴を形に投影します。この活動に、正解・不正解はありません。　なぜ、その形を選んだのかの理由を考えることで、自分を客観的に捉えて、さまざまな表現ができます。

　　他にも、「自分のイメージ色は？」「自分をものにたとえると？」「自分を動物にたとえると？」「自分を食べ物にたとえると？」などのアクティビティができます。

03　2人、4人で紹介し合う

　　2人組、4人組は学級の実態を考慮して、担任か決めてもいいでしょう。まずは5分間、2人組で自分の選んだ図形と選んだ理由をお互いに話し合います。そして、相手の人は、どのイメージなのかを伝え合います。

　　次は4人組になります。2人組の時、自分のパートナーが選んだ図形と選んだ理由を、新しい2人に紹介します。時間は10分間です。自由な雰囲気で話合いができるように配慮します。

　　人の話は、否定せずに最後まで聞くように、悪ふざけやからかいは絶対にしないことを伝えましょう。

04　振り返りをする

　　活動を通して感じたことを4人で話し合います。どんな意見も肯定的に聞き合うように伝えます。10分ほど時間をとります。その後、どんな感想が出たか、数人に発表してもらいます。全体を通しての感想を、ワークシートに記入しましょう。

校内 リーダー研修

▶ねらい

　全体のリーダーシップをとれる生徒を育成し、生徒同士の意見交流から、今後の活動の見通しがもてる生徒も育成することがねらいです。また、話し合いから生徒同士の活性化を図れるようにします。

▶指導のポイント

　1グループにつき5～6人を目安にして、話し合いがしやすい環境を整えます。

　各グループの構成は生徒会本部役員、学級委員、専門委員会の委員長・副委員長、部長・副部長などをバラバラに組むのがポイントです。各グループにファシリテーターの教員を配置し、話し合いがぶれないよう導きます。

　研修後、研修内容を全生徒が見られるような形で掲示するとよいです。

▶研修の内容

　資料（右ページ参照）に書かれている内容を解決するために、学校のリーダー（生徒会本部役員・学級委員・専門委員長・部長）としてどのような活動を行うかを話し合います。

　資料には中学校の状況や実現したいテーマを設定しますが、実際の学校の生徒会年間テーマや課題を使ってもよいですし、架空の学校を作り上げてもよいです。資料は基本的に教員が準備をしますが、もし、実際の学校の課題を取り上げるのなら、生徒から課題を出させた方がより主体的に取り組めることでしょう。課題を設定するための時間（生徒議会や委員会活動など）が必要になるので、それを踏まえた上で準備を進める必要があります。架空の学校の設定にするにしても実際の生徒に身に付けさせたい力を想定して、それを主体的に考えられる課題を設定します。

本時の展開

01 合意形成が目標

研修目標
　「話し合い活動を通して、合意形成をしよう」
参加対象者
　生徒会本部役員、各専門委員長、副委員長、各部部長、副部長、学級委員
話し合いの流れ
　1．「目指す姿」を決める
　2．「目指す姿」が決まったら、それを実現させるための企画・方法を考える
　3．考えた企画・方法を付箋に書く
　4．模造紙に種類ごとに付箋を整理し、話し合いを深めていく
　5．企画・方法を発表する（ギャラリーウォーク形式）

02 多様なアイデアを認め合う

話し合いのルール
・批判をしない：
　　他人の意見を批判しない
・ユニークなアイデアを歓迎する：
　　奇抜で斬新なアイデアでも積極的に発表する
・たくさんのアイデアを出す：
　　大小問わずたくさんのアイデアを出す
・アイデアを結合させる：
　　出てきた案を、関連させて新しいアイデアを生み出す

■ リーダー研修の資料例

［付箋の書き方例］

生徒が生徒会に意見を投稿できる意見箱を設置する。

○○（名前を記入する）

［付箋の整理の仕方］

［リーダー研修の意見のまとめ方例］

目指す姿
（理想とする学校・生徒の状態）

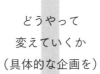

どうやって
変えていくか
（具体的な企画を）

現在の状態

［資料例］

生徒会年間テーマ
「○○中パワー　〜魅力あふれる学校に〜」

1. 学級委員や班長はクラス運営に対して積極的であるが、他の人の協力は少なく消極的である。
2. 委員会活動において、与えられた役割はこなせるが、自ら新たな役割を見つけて活動することは少ない。
3. 授業は、集中して取り組めているが、発言や発表はいつも決まった生徒が行っている。
…
…

生徒集会

▶ねらい

生徒集会は、生徒会本部や専門委員会、特別委員会が自分たちの活動を全校生徒に発表し、その活動の中で、生徒一人一人の成長を育む活動です。

▶指導のポイント

生徒集会の企画・運営を担うのは中学3年生が中心です。3年生がリーダーシップを発揮しながら、下級生と協力して進めます。準備の際の留意点は、①持ち時間の確認、②発表内容、③役割分担、④台本作成、⑤練習です。生徒集会本番から逆算をして①〜⑤の準備を進めていくようにしましょう。また、発表内容を決める際には、学級会形式で合意形成を意識させると、より生徒の成長につながっていきます。

▶1つの場所に全校生徒を集めなくてもできる

GIGAスクール構想によるICT設備の充実により、事前にビデオで生徒の活動を撮影し、編集して各クラスに放送したり、放送室から生放送することができます。「できないからやらない」のではなく、「できなくてもやれることを探す」という視点が大切です。また、ビデオで撮影し、編集できるようになることで、今まで舞台の発表でできなかったことができるようになります。例えば、実際のTV番組風に編集をしたり、グリーンバック（撮影用背景布）を使用することで合成したりすることもできます。「発想の転換」です。生徒とともに、新しいことを追求していくことを楽しみましょう。

生徒集会の工夫

01 舞台と映像のコラボレーション

体育館のスクリーンに映像を流し、その映像に合わせて舞台上で生徒が劇を行います。この舞台の生徒と映像を組み合わせることで、できることが増えていきます。

例えば、スクリーンで動画を流し、舞台上の生徒が動画を使って問題を出題する、ニュース形式で演劇をやりながら、スクリーンに映像を流し、そこに舞台上の生徒が話しかけることで、LIVE中継風にするといったこともできます。また、映像の中で演劇していた生徒が暗転と同時に舞台上に出現するといった演出も可能になります。生徒たちの創意工夫で、様々な発表のスタイルを作っていくことができます。

02 全校生徒の参加型企画

毎回の生徒集会の発表を見ているだけでは飽きてしまうこともあるのではないでしょうか。そのような時は、全校生徒に参加してもらう発表形態が有効です。よくあるのは、クイズを出題し、挙手をして解答してもらう、クラスやブロック対抗でゲームを行うなどがあります。そのような中で1回準備をするだけで活用できる方法が「赤青カード」です。A4サイズの赤と青の色画用紙を組み合わせたものをパウチし、生徒一人一人に渡しておきます。このカードがあれば、全校生徒の「YES or NO」の意思表示やクイズなどに使用できます。また、学級で保管していれば、日常の授業でも活用できます。

■生徒集会の実践例

生徒会本部
○生徒会年間テーマクイズ
○全校生徒レク
○学校の中で頑張ってくれている
　生徒の紹介

体育委員会
○体育祭のリレーのレーン決め
○体育祭のブロック決め
○昼休みのボール貸し出しの注意
○球技大会の紹介

学級委員会
○修学旅行で学んだことの劇
○高校入試で活用できる面接シミュレーション
　実演
○学級委員会の取組紹介

整備美化委員会
○教室がピカピカになる掃除の仕方を紹介
○地域清掃ボランティアの募集
○清掃道具の歴史を解説

福祉委員会
○赤い羽根、緑の羽根募金の告知
○バリアフリー・ユニバーサルデザインク
　イズ
○車いす体験をやってみた

給食委員会
○1年間の給食の献立を回数でランキング
　にしてみた
○フードロスについて考えよう
○円滑な給食システムの紹介

広報委員会
○学級新聞の作成の仕方
○校内に掲示されているポスターの紹介
○オピニオンリーダーって何

文化祭実行委員会
○文化祭の目標や内容の紹介
○参加団体のCM
○当日の開会式につながる寸劇
○幕間参加団体オーディション

学力向上

▶ねらい

生徒一人一人が学ぶことの意義や価値を理解し、根気よく学びに向かおうとする姿勢を養う中で、お互いに高め合えるクラスを目指すことをねらいとします。

▶指導のポイント

生徒は誰もが学力を高めたいと思っています。教科指導にあたる教師の授業力や指導力の向上によって、生徒の学力を高めようとすることはもちろんですが、ここでは、生徒が主体となった学級としての取り組みによって、お互いを高め合おうとする風土の醸成を図ることを考えます。学級が安心・安全で、居心地のよい場所になっていないと、学習に身が入りません。班長会などの生徒組織を活用して、生徒の意識や意欲を高めます。

▶班長会

学級活動の企画や話し合いの原案作成、学級の諸問題についての問題提起など、学級のリーダー的役割を担う組織です。構成メンバーは、班長だけで組織してもよいですが、「学級委員＋生徒評議員＋班長」「学級委員＋班長」「学級委員＋有志」などが考えられ、組織の名称は「班長会」の他に、「プログラム委員会」「企画委員会」など様々な呼び方があります。担任の方針や学級の実態に即して決めましょう。学級会の話し合いも、班長会で十分練られた原案が提案されることで、円滑に進めることができます。

指導の留意点

01 アンケート実施

学力向上を目指すことが、教師だけの願いではよい効果は得られません。生徒はどのように思い、どうしたいのか、まずは実態の把握に努めましょう。アンケート用紙を教師が作ってしまうのは簡単ですが、生徒主体の取り組みにしていくために、生徒組織である班長会の議題に挙げ、自分たちで考えるようにするとよいです。得意・不得意な教科は何か、どのような努力をしているのか、クラスでどのような取り組みをしたいかなど、担任が助言しながら生徒に十分検討させ、アンケート用紙を作成します。調査結果はプログラム委員会で分析し、今後の取り組みの原案を作ります。

02 朝の会の活用

朝の会は、生徒の自主的・主体的な活動の場として最適です。班長会が朝の会の活動計画案を作成し、学級会を経て決定したものを実施します。「今月の朝の会予定表」を模造紙に書いて掲示し、計画的に取り組むようにしましょう。

学力向上に向けた企画も、学級会で生徒が話し合って決めた取り組みを実施しましょう。例えば、次のような企画が考えられます。ゲーム形式にして競い合うなど、生徒が楽しく学べるとよいです。
・教科係作成の小テスト
・学習クイズ大会
・▲▲先生の数学講座
　（数学が得意な生徒によるミニ授業）

■生徒同士が交流する学力向上の工夫

[朝の会／生徒によるミニ授業]

　生徒の持ち味や得意分野などが発揮される場となります。

「今日のテーマ：因数分解のコツ」

「今日のテーマ：徳川家が国のためにやったこと」など、短い時間でできる講座を実施するとよいです。"ミニ先生"もクラスで教えるために、準備学習に励むようになります。

[放課後の学習会]

　学び合いの場をつくることで、何事もみんなで力を合わせて、乗り越えようという風土が醸成されます。班長会による生徒の企画なので、みんなで声をかけあって参加しやすく、楽しみながら学べる空間となります。

03 授業の取り組み

　学力向上に向けて、生徒主体の取り組みが進むと、生徒の学習に対する意識が高まり、授業における姿勢や態度も変化してきます。受け身の授業にならず、進んで学習に参加しようとします。例えば、競い合いが好きな生徒には、次のような取り組みが考えられます。

・グッド質問賞
　（よい質問した人を帰りの会で表彰）

　これらは、一時的な盛り上がりをします。モチベーションを継続するためには、さらに知恵を絞りましょう。本来の学ぶ意義につながる取り組みの方が望ましく効果的です。

04 放課後の活用

　学習への苦手意識が強い生徒のために、何かできることはないか班長会で検討します。取り組む時間の確保が難しいと思いますが、例えば、放課後少し時間をとって学習会をすることが考えられます。生徒同士が教え合ったり、学び合ったりする場をつくります。人に教えることで、自分自身の理解度も上がるので、相乗効果があります。

　その他、教科係オリジナルテキストを作成することも考えられます。また、学習掲示物を製作して、教室に掲示する方法もあります。生徒会活動や部活動などがあり、放課後の活用は難しいですが、周囲の協力や理解を得ながら生徒主体の取り組みを工夫しましょう。

志望校決定

▶ねらい

地域によって多少の違いはありますが、志望校決定の面談には締切を守る、書類を提出するなど、伝えることがたくさんあります。業務がスムーズに行えるように、そこを押さえましょう。

▶指導のポイント

11月下旬から行われる面談は、志望校（私立高校）決定の面談です。12月の中旬に入試相談があるため、ここからはスケジュール的にも変更は難しくなってきます。志望校を決定すればそれで終わり、にもなりません。提出してもらう書類や、入試相談に向けて中学校が用意しなければいけない書類には、漏れやミスは許されません。生徒が見通しをもって行動できるように、説明を行うことがポイントとなります。

▶入試相談

12月中旬に入試相談があります。これは、私立高校と受験希望者の内申を確認する相談です。私立高校と中学校の教員が相談したり、受験者本人が相談に出向いたり、と地域で入試相談の方法が違います。

入試相談でやりとりされるのが、生徒の内申点です。成績で内申点に達している生徒もいれば、英検や漢検などの資格取得による加点制度で内申点に達する生徒もいますから、必ず確認が必要です。また、資格による加点をした生徒は合格証の写しを高校側に提出することもあります。一校一校、一人一人で提出する書類ややり方が異なりますが、他クラスで同じ学校を受験することになれば、一緒に処理することも考えられます。間違いのないように、必ず学年の先生と声を掛け合いながら準備しましょう。

面談前→面談中→面談後

01　成績と基準を確認する

内申点が決定したら、面談の前に内申点と私立高校の基準を確認します。万が一、成績が下がっていた場合、基準に届いていない可能性があるからです。必ず、クラス全員分確認してください。

基準に届いていた場合
どの私立高校を受験するかを面談で確定します。
基準に届いていなかった場合
見学に行った私立高校で基準に達している学校を探します。1校もなければ、受験案内で探したり、学年主任や進路主任に相談します。12月上旬はギリギリ学校説明会があるので、早急に行ってもらいます。

02　面談で確認すること

まず、受けようとする学校に見学に行ったかを確認します。3年間通うことをイメージしてもらうためです。ここをおろそかにして、高校を辞めた、という事例があるからです。

面談の時点で私立高校を絞り切れていない、という生徒もいます。面談で答えが出なければ、持ち帰って悩んでもよいのですが、入試相談に間に合わなくなることは避けたいので、必ずタイムリミットを伝えます。

また、面談の後に公立高校を受験する資格があるかを確認する住所確認や、入試相談依頼書など、提出してもらう書類が複数出てきます。それらをいつまでに出さなければいけないのかを説明します。

■11月以降の入試スケジュール

[11月]
・面談開始

[12月上旬]
・（保護者からの）提出物確認
・入試相談準備

[12月中旬]
・私立 入試相談開始
（相談日を1日だけしか設定していない学校も
あれば、1月まで設定している学校もある）

[1月上旬]
・私立 推薦入試出願

[1月下旬]
・私立 推薦入試合格発表
・私立 一般入試出願
・公立 高校出願

[2月上旬]
・公立 志願変更

[2月上旬]
・私立 一般入試
・私立 一般入試合格発表
・公立 高校入試

[2月下旬]
・公立 高校合格発表

[3月上旬]
・入学手続き

03 提出書類を確認する

保護者から提出された書類を確認
　面談で保護者に説明した、中学校からお願いした提出物がすべてそろっていることを確認します。
入試相談で提出する書類を確認
　何を使って入試相談を行うのか確認します。所定の相談用紙があるか、資格取得の合格証が必要なのか、学校によって違っているため、必ず確認します。
出願で出す書類を確認
　推薦書や私立高校指定の調査書のことです。担任は冬休みの間に作成することになるので、このタイミングで集めないと作成できません。

04 受験する公立高校の決定

　入試相談の関係で、受験する私立高校を先に決定することになります。では、公立高校はいつ決定するの？というと、この面談で決定させるという中学校が多いと思います。なぜなら、この時点で決定していた方が、冬休みの間に生徒は受験勉強により集中できるからです。自治体によっては、公立高校に出願する際に、志望動機を提出しなければいけないところもあるので、私立高校と同時に志望校を決定できているとよいでしょう。
　どうしても悩んでしまう、という人は決定は出願ギリギリまで（調査書の用意に支障がなければ）延ばせますし、志願変更という作戦もあります。しかし、目標が決まらなければ、生徒の心も揺らぐので、あまりお勧めはしません。

2学期の反省をもとに
3学期につなげる12月

▶12月の目標

　12月になり３年生は、進路希望実現に向け、進路先を決定しなければならない大切な時期となります。進路面談を通して進路先の最終検討を行い、進路先を決定していきます。また、学期末のこの時期には、２学期の初めに立てた目標が達成できているかなど検証し、２学期の反省をもとに３学期への見通しをもたせ、つなげていくようにしましょう。

12月の学級経営を充実させるために

進路決定へ

　３年生にとっては、これからが最も大切な時期になります。進路面談で進路先の最終検討を行い、進路を決定していきます。進路面談では生徒と担任の信頼関係に基づいた適切な情報と助言を与え、生徒・保護者と十分話し合った上で、生徒の意思で決定できるようにします。進路希望実現に向けて、受験の注意や心構えも指導します。

２学期の反省をもとに３学期の見通しを立てさせる

　２学期の初めに立てた目標が達成できているかなどの反省をもとに、新たな目標や課題を設定し、卒業期に向けての見通しをしっかりもてるようにします。２学期の生活態度や諸活動、授業への取り組み方や家庭での学習方法などを振り返り、３学期につなげていけるようにします。

冬季休業中の生活と学習

　年が変わる大晦日から元旦を節目として、新たな目標、決意を立てさせましょう。夢や希望をかなえるためには「今、何をするべきか」という具体的な目標を設定することが大事です。具体的であればあるほど、目標は達成しやすくなります。

●12月の学級経営の三本柱

　① 進路面談で最終検討を行い、進路決定させる。

　② ２学期の反省を３学期に生かせるようにする。

　③ 新たな目標や決意を立てさせ、具体的な目標を設定させる。

注意事項

　２学期は、大きな行事があったり、進路指導で進路面談を行ったりして、多忙な毎日が続いたことと思います。これから「調査書」等の高校に提出する資料を作成しなければなりません。担任自身も健康管理をしっかり行い、体調を整え、風邪や感染症にならないように注意していきましょう。

進路面談　資料編

▶進路面談の仕方

① 生徒自身のための進路選択なので、保護者のみの意向にならないように注意しましょう。入学後に生徒自身が進路先で何をしたいのか。その先にどうつながっていくのか。自分に合った学校なのか等を考えさせるきっかけになるような面談にしていきましょう。

② 初めての入試を迎える家庭は、公立高校の選抜方法や私立高校のシステムを把握されていないことも考えられます。正しく理解してもらった上での進路選択となるような面談にしましょう。

▶進路面談の内容

① 今までの成績の確認と学習状況について把握しておきます。

② 志望校を確認します。（第2回進路希望調査を通して）

※具体的な校名が挙がってこない家庭には、再度、検討するように連絡します。

③ 公立が第一志望の場合は他の併願校の有無を確認します。

・私立高校併願の場合は、学校説明会に参加しているか確認します。参加していないと受験できない高校が多くあります。また、第一志望が不合格の場合の進学先になることをしっかり押さえておく必要があります。

④ 三者面談時には、募集要項や入学願書等の書類を持参してもらうようにします。

⑤ 進路に関する配布書類を説明するようにします。（氏名・住所確認、公立の学区の確認等）

　［進路面談に用意しておくもの／配布書類］

　・担任用面談ファイル　・私立高校の基準ファイル　・志願資格および学区確認について

　・その他進路関係書類

　＊都道府県によって入試制度が異なります。それに合わせて進路面談の内容も変わってきます。

▶「進路指導」についての確認事項

① 断言したり、担任の主観で話をしたりしないように配慮して話すようにします。「この成績ではダメです」「この成績なら大丈夫です」と言わず、あくまで、「データでは、こうなっています。可能性はあるようです」などの話し方をしましょう。

　※担任は忘れていても、言われた生徒・保護者はよく覚えているので注意します。

② 学級によって指導に差が生まれないように担任同士で共通理解しておくことが大切です。

▶進路面談後のポイント

　面談での内容は、しっかりメモをとっておきます。その場で答えられないことは、確認して後日連絡するようにします。場合によっては、再度、面談を設定する場合も出てきます。進路面談後は各生徒の進路希望先や困ったことなどを集約し、学年全体で情報を共有し検討していくようにします。

年末・年明けの指導

▶ねらい

受験生としての有意義な過ごし方を知り、また、新年を迎え、気持ちを新たに目標や卒業に向けて前向きに頑張れるようにすることをねらいとします。

▶指導のポイント

受験生としてまとまった勉強時間が取れる最後の期間となるので勉強への意欲を上げさせましょう。ただし、無理をしすぎて体調を崩さないよう、規則正しい生活も意識させます。また家族とゆっくり過ごせる期間でもあるので、家族への日頃の感謝へも目を向けさせましょう。

さらに、年が明け、今年も一年頑張ろうという気持ちと、卒業に向けての意識ももたせます。

[過去問の演習]

受験日から逆算して過去問演習日を決めさせる。滑り止めでも過去問を1周は解かせる。

過去問を解くときは、時間を計りながら、時間配分を意識できるようにさせる。

[生活リズムの管理]

年明けからは、試験当日の起床時間に慣れさせるようにしておく。

指導の留意点

01 勉強の意欲を高める

入試本番まであと少しとなり、まとまった勉強時間がとれる最後の期間となります。本番までに何をすればよいのか考え、計画を立てさせましょう。この時期は得点力を上げるために特に、次の3点などに力を入れさせましょう。

① 過去問を繰り返し解く。
② 制限時間を決めてテスト形式で勉強する時間をつくる。
③ 復習に力を入れ、わかっている問題でも速く、正確に解けるようにする。

02 体調管理も大事に

焦りや不安から睡眠時間を削って勉強する生徒も出てくるかもしれません。しかし、入試を乗り越えるには健康管理も大事なことであることを理解させます。せっかく頑張って勉強していても体調を崩してしまっては元も子もありません。規則正しい生活を心がけ、生活リズムを崩さないように指導します。

試験時間に合わせたり、免疫力を上げるために睡眠は重要です。特に、年明けからは、夜は早めに布団に入る、眠れなくても目をつぶる等、生徒が長く（早く）睡眠をとるように声をかけるとよいでしょう。

受験を戦い抜く体を
作るために

① 朝ごはんを食べる
→ご飯やパンはエネルギーのもとと
なります。エネルギーがなければ体は
動きません。もちろん、脳の働きも
なくなってしまいます。寝ている間に
失われた水分を取り戻したり、集中力
アップにもなります。まずは朝ごはんを
しっかり食べましょう。

② 体調管理
→寒くなり暖房もつき、屋内が更に乾燥
しやすくなる時期です。ウイルスを過剰に
怖がる必要はありませんが、マスク、
手洗い、うがいなどで具合が悪くなる
前にまず予防をしましょう。

③ 寝る時間を決める
→勉強も大事ですが、まだまだ成長期。
睡眠は必要不可欠です。眠いと勉強も
はかどりません。寝る時間が遅く
なれば、起きる時間が遅くなるのは
当然のことです。勉強が終わってから
ではなく、○時には寝ると自分で
決めて生活できるようにしましょう。

03 家庭での時間を大切に

冬休みは家族や親戚などとゆっくり過ごせる機会でもあります。日頃忙しく、なかなかゆっくりと話せる時間がとれないことも多いので、家族で過ごす時間を大切にさせましょう。特に日頃いろいろと支えてもらっている家族には感謝の気持ちをもたせられるようにしたいです。

また、お年玉などによって大金を手にすることも多く、トラブルになることもあります。大金を持って外に出ない、お金のやりとりはしないなどの指導もしておきましょう。

04 年が明けて

新年を迎え、生徒たちは様々な期待と不安を抱えています。目標をしっかりと立てさせ、希望をもって一年をスタートさせましょう。進路に向けて不安や焦りなども多くあると思うが、一人ではなく、クラス全員や学年全体で進路に立ち向かっていく意識をもたせられるようにします。

また、卒業までもあと少し。自分たちがどういう気持ちで卒業式の日を迎えたいかも考えさせます。そのためには残りの日をどう過ごせばよいか、時間があればクラスで考えてみるとよいでしょう。

進路指導

▶ねらい

生徒が自分の将来に向かって力強く歩み出すことができるように、担任として生徒一人一人の進路に対する考えや思いを把握し、寄り添った支援や適切な助言をすることがねらいです。

▶指導のポイント

中学校を卒業すると、生徒は自分で決めた道を歩み始めます。進路選択には正解がなく、生徒にとっては不安でいっぱいです。生徒の不安や悩みに丁寧に寄り添い、納得できる進路を決めていけるようにサポートしていくことが大切です。単に進学か就職かということでなく、これまでの中学校生活3年間の指導を踏まえ、どのような生き方をしていくのかについて意識させ、自分の頭で考え判断する力を養いましょう。

▶進路事務について

生徒は、義務教育を終え、初めて社会と接点をもつことになります。その際、様々な必要な事務手続きがあります。進学に関して言えば、入学願書など進路希望先から求められる書類を作成しなければなりません。そして、学級担任としては、進路事務についてはミスがないよう慎重に扱わなければなりません。進路主任と連携し、生徒一人一人の進路について、いつまでに何を準備しておくのか、出願・試験・合格発表・入学手続きの日程など、しっかり把握しておく必要があります。また、書類の作成に必要な生徒の活動履歴や戸籍上の氏名の漢字等、保護者とも連絡を密にしながら準備にあたります。外国にルーツをもつ生徒などがいる場合には、一緒に願書を記入するなど、個に応じた支援が必要です。

調査書は学校が作成する重要な書類です。校内で調査書作成委員会などを立ち上げて組織的に進路事務にあたると思いますが、学校長の監督の下、点検体制を強化するなど、生徒に不利益が生じないよう注意が必要です。

指導の留意点

01 自分の力で乗り越えよう

12月になると、ほとんどの生徒は卒業後の進路希望を決定します。迷って進路が定まらない生徒もいますが、焦らず納得のいく進路決定ができるよう親身に相談に乗りましょう。それだけ自分の道を決めるには大きな決断が必要です。

また、初めて進路指導にあたる学級担任にとっても、大きな不安があると思います。学年主任や進路主任と連携を図り、アドバイスをもらいながら丁寧に指導しましょう。進路に関しては、特に報告・連絡・相談が大切です。決して一人で抱え込んではいけません。共通理解が悪くなると、生徒の進路希望の変遷や指導の経緯など、状況が見えづらくなり、大きなミスにつながることもあります。

進路選択は、生徒にとって大きなチャレンジです。これを乗り越えることで、一段と成長していきます。生徒は、これまでの学習や活動で身に付けた力で、自分の進路に向かって挑んでいきます。学級担任としては、自分の力で歩み始める生徒を支え励ましたいものです。

生徒が自分で考えて進路選択するために、自分自身を客観視する取り組みも考えられます。例えば、自分史を作成したり、得意・不得意なことや興味・関心のあることを書いたり、自分をじっくり見つめ直す機会をつくることで、自己理解につながります。生徒にとって自分の歩む道の判断材料になるとよいです。

■ 進路日程の管理のしかた

3年〇組　進路予定一覧

No.	氏名		進路希望・志願先	1月 10 火	11 水	12 木	30 月	31 火	1 水	2 木	2月 10 金	11 土	12 日	13 月	14 火	15 水
1	〇〇　〇〇	1	県立〇〇高校	出願											学力検査	
		2	△△大学附属高校		受験料振込			出願			受験	発表	入学手続			
		3	□□学園	受験料振込			郵送出願					受験	発表	入学手続		
2	△△　△	1	市立●●高校	出願											学力検査	面接
		2	▲▲高校					出願					受験	発表	入学手続	
3	□□　□□□	1	県立◇◇高校	出願											学力検査	
		2	◆◆高校				郵送出願				受験	発表	入学手続			
4	◇◇　◇◇	1	〇〇株式会社			面接										
…																
	学校行事・備考			大掃除 始業式	学年会				3年学年末テスト	3年学年末テスト	朝会 学力検査事前指導					

生徒・志願先や
就職先ごとにまとめる

出願、受験、合格発表、入
学手続などの必要な情報を
それぞれを入力する

> 担任として、生徒一人一人の進路予定を把握
> しておくことは大切。
> 一覧表を作っておくことで、うっかり手続き
> 等を忘れるなどのミスを防ぐことができるね。

02 クラスみんなで乗り越えよう

　進路選択は誰にとっても初めてのことであり、不安でいっぱいです。自分だけが不安になっているわけではありません。このような苦しい時期こそ、お互い自分の気持ちを語り合い、みんなで乗り切ろうとする雰囲気づくりが大切です。いろいろな方法があると思いますが、学級の生徒の実態に即してやり方を工夫してみましょう。前向きな気持ちになることが目的です。

【例1】輪になって座り、話したい人から自分の思いを打ち明ける。

【例2】事前に進路に向けての気持ちを作文に書かせ、それを無記名でプリントにまとめた資料を担任が読み、みんなで考える。

　面接練習は、通常教師が行うと思いますが、クラス全体で取り組むと、よい雰囲気がつくられます。推薦受験で先に進路決定した生徒が面接官になるなど、時期や状況によって工夫して取り組むとよいです。生徒同士アドバイスし合って、お互いの気づきにもなります。

　学級担任が真剣に生徒一人一人の進路を大切に考え、励まし関わっていると、生徒もお互いを大切にします。先に自分の進路が決まったからといって、学習や活動の手を抜いてしまうようなことが起きると、担任から見てもクラスメイトから見ても、残念で寂しいことです。進路指導を通して、心を育てたいものです。まずは担任の姿勢が大切です。

大掃除

に先輩の姿を見せる場を設定すれば、意欲も高まることでしょう。

▶ねらい

清掃活動は授業等と同じように「人格の完成」を目的とする教育活動です。年末の大掃除も、日常の清掃活動と同様に、働くことの意義や尊さを体験することを通して奉仕の精神を育成します。

▶指導のポイント

清掃を好む生徒は多くありません。ましてや大掃除となると、きちんと仕事を決めておかないと、15分くらいで手持ち無沙汰になってしまいます。45分の仕事を用意するとともに、意欲が高まる道具を準備します。また、生徒が心に卒業をイメージできるこの時期には、3年間を過ごした学び舎にお礼を言う気持ちで取り組めるようにしましょう。縦割で取り組み、1年生

クリーン作戦計画表

班

メンバー：○○○　　○○
　　　　　○○○　　○○
　　　　　○○○　　○○
　　　　　○○○　　○○

担当場所：

1　順序
2　今回の掃除のスペシャルメニュー
　（特に力を入れるところ）

3　気を付けること

4　持ち場が終わったら、応援に行く所

指導の留意点

01 大掃除の心構え

大掃除は、宮中の「すす払い」を由来とする風習で、1年間の汚れを落とし、家も身もきれいに清めてお正月を迎えるための準備をするためのものです。今でも12月に全校一斉に大掃除に取り組んでいる学校は多くあります。

掃除はただ単に仕事をして、担当場所のごみを取り除くだけのものではありません。その働く姿は、多くの友達や後輩など、周りに大きな影響を与えています。ですから、特に3年生には、先輩として働く姿の手本であることを生徒自身が自覚できるようにすることが大切です。「やらないといけない仕事」という考えではなく、自分を磨き、後輩に自分の姿で伝えるチャンスであるという考えがもてるようにしましょう。

02 大掃除の準備

普段は15分の清掃ですが、45分の大掃除に向けて考えておくべきことがあります。
・どんな作業を行うか
・何人で行うか
具体的には、教室であれば、次のような掃除場所が考えられます。
・黒板や棚の上のホコリ取り
・コンセントのホコリ取り　　・窓周りの掃除
・ドアの拭き掃除　　　　　・床の隙間のホコリ取り
・鞄用ロッカーの中　　　　・傘立て
・清掃道具入れなど
掃除の効果が上がるアイテムを準備します。
・メラミンスポンジ
・マイクロファイバークロス

■大掃除のポイント

[黒板や棚の上のホコリ取り]

・落下に気をつける

[コンセントの埃取り]

・感電に気をつけ、プラグを抜いて清掃する

[窓周りの掃除]

・転落や、物を落としたりが無いよう注意する

[ドアの拭き掃除]

・ドアを外す場合は、重量があるので、倒れたりぶつけたりに気をつける

[床の隙間の埃取り]

・ヘラや定規等を活用するとよい

[鞄用ロッカーの中の清掃]

・中身があると掃除ができないので、最初に片付けるなど工夫するとよい

03 清掃活動の意義

清掃活動のよさとして次のようなことが挙げられます。
・成績や体力にかかわらず、みんなで取り組める
・結果や成果がすぐ見える
・自分だけでなく、みんなのために頑張ることの価値を実感できる
・生徒の社会性を育むことができる
・清掃員の人件費削減などの効果もある

教育哲学者の森信三の次の標語を生徒に紹介してもよいでしょう。
「時を守り、場を清め、礼を正す」

04 「清掃活動」が海外へ

日本の多くの学校に設定されている「清掃活動」ですが、生徒が学校を掃除する国は、実は少ないのです。しかし、近年、日本の取り組みを見て、海外の学校で清掃活動を導入する例が増えています。

サッカーの試合の後、進んでロッカールームやスタジアムのシートを清掃する日本人の姿は世界中から称賛されてきました。日本人は幼い頃から、自分たちが使ったところは、きれいにするという文化があります。

では、清掃の起源はどこにあるのでしょうか。一つは昔からある「道」の存在です。特に武道は自分たちが使う場を自らきれいに保つことを大切にしています。二つ目は仏教や神道です。掃除を含む作務が一番の修行であり、けがれや不浄を忌む清浄観にも深く根ざしています。

互いに励まし合いながら受験期を 乗り越えていく1月

▶ 1月の目標

　1月になり中学校の最終学期が始まりました。「一年の計は元旦にあり」ということわざがあります。その一年をどうするかという計画を元旦に立てた人は、1年間その目標に向かって有意義に過ごせるという意味です。毎日の時間を大切に、生徒にもしっかりと目標をもって日々を過ごさせたいものです。3年生は進路希望実現に向けて大切な時期になります。全力を尽くす3ヶ月です。きめ細かな指導を行いながら、生徒一人一人を全力でサポートしていきましょう。

1月の学級経営を充実させるために

受験期の生活や学習、不安や悩みなどを語り合う

　1月という時期は受験を目の前にして重圧感で押しつぶされそうになり、いろいろな気持ちが表れます。学習や学級の諸活動を積極的に行うことができなくなったり、能率が上がらなくなったりしがちです。そんな時こそ、受験期の生活や学習、不安や悩みなど、学級全体でお互いの状況や気持ちを語り合い、互いに励まし合いながらこの受験期を乗り越えていけるとよいでしょう。

学習計画を立て、時間を有効活用

　「1月は行ってしまう」「2月は逃げてしまう」「3月は去ってしまう」とよく言われます。この時期はあっという間に過ぎてしまいます。入試に関する心構えや面接の準備等、具体的な進路指導を一人一人に配慮しながら行っていくようにします。また、学習計画をしっかり立て、時間を有効に使えるようにし、学習を積み上げさせるようにします。

模擬面接練習で自信をもたせる

　模擬面接練習は多くの学校が行っていると思います。面接試験の目的や面接方法、面接態度や質問事項、応答の仕方や礼儀作法を指導していきます。生徒が面接官役になって質問したり、代表生徒が学級全体の前で模擬面接練習を公開したりするなど工夫して練習させていきます。

● 1月の学級経営の三本柱

　① 互いに励まし合いながら受験期を乗り越えさせるようにする。

　② 学習計画をしっかり立てさせ、時間を有効に使わせながら学習を積み上げるようにさせる。

　③ 模擬面接練習を行い、不安を和らげる。

注意事項

　担任は、「調査書」など進路関係の書類を作成することになります。間違いのないように慎重に

作成していくことが大切です。学年職員全員で間違いがないか確認していくようにします。

3年〇組の語りべ　パネルディスカッション方式

　受験期のこの時期、誰もが様々な不安や悩みを抱えています。しかし、誰かに相談したくてもなかなか相談できない生徒が多くいます。この活動は学級全体でお互いの状況や気持ちを語り合い、互いに励まし合いながら共感関係を築き、学級全員で受験期を乗り越えていこうというものです。

▶ねらい

　学級会（語りべ）をパネルディスカッション方式で行い、不安や悩みを共有し、不安や悩みの原因を考え、具体的な解決策や方向性を語り合い、学級全員で考えていこうとするものです。この活動では、仲間を大切にしながら人間的なつながりを深めていく共感的な人間関係を築いていきます。そして、学級全員で進路の壁を乗り越えていきたいと思います。

▶活動例

●学級会前の取りくみ

① 学級プログラム委員会（班長会）で今抱えている不安や悩みについての現状をあらかじめ出し合います。

② コーディネーター・パネラーを学級プログラム委員会の委員の中から選出します。

③ 自由に語り合いやすくするにはどうしたらよいのか考えておきます。

●学級会（語りべ）をパネルディスカッション方式で開催〈議事〉

　参加者は、パネリスト、フロア、コーディネーター

進め方			
① テーマ・進行の手順説明	（コーディネーター）	② 発表	（パネリスト）
③ 意見交換	（パネリスト）	④ フロアを交えての意見交換	（フロア、パネリスト）
⑤ まとめ	（パネリスト）	⑥ 総括	（コーディネーター）

コーディネーターの役割

・パネリストの発表に対して発表をまとめたり、価値づけたりします。

パネリストの役割

・発表方法を工夫して、わかりやすく発表します。

フロアの役割

・パネリストの発表を聞き、共通点や相違点を考えます。

▶活動後のポイント

　様々な発表を聞くことで、苦しいのは自分だけではないことがわかるだけでも、不安や悩みが少し解消できたのではないでしょうか。

面接練習

▶ねらい

年が明けると入試一色になるのが3年生です。面接試験がある高校もあるのでそのような生徒への対応を確認します。

▶指導のポイント

面接練習は大きく2つに分けられます。1つ目が適切な所作ができるようにすること、2つ目が面接で話す内容を考えることです。この2点がそろって初めて面接練習ができます。

面接試験の所作や話す内容に関しては、年末までにある程度準備させておきましょう。年が明けたら、入室から退室までの流れとともに数をこなしていくことが、生徒の自信にもつながります。

▶面接試験でよく聞かれる項目

実際に何が質問されるかは当日にならないとわかりませんが、面接試験で聞かれた内容を中学校はストックしています。ある程度こんなことが聞かれる、と準備しておくことで面接試験に備えます。

・志望動機（専門学科の場合は、なぜその学科を選んだのか）
・入学後の抱負
・将来の夢（卒業後の進路）
・中学校で頑張ったこと（部活動・委員会等）
・自分の長所、短所
・趣味、関心のあること
・得意教科、不得意教科
・高校までの通学方法と時間
・受験校の印象
・併願校について
（私立の面接試験で聞かれることが多い）
など

面接練習をする前に

01 面接試験での所作

面接試験は受け答えをすることだけではありません。服装、扉の開け方から礼、椅子の座り方まですべて見られています。

ノック→ドアを開ける「失礼します」→一歩入る→面接官に礼→ドアを閉める→椅子まで歩く→受験番号・中学校名・氏名を言う→「お座りください」と言われてから座る→質疑応答（面接試験で話すこと）→椅子の横に立ってお礼を言う→ドアを開ける→一歩出る→面接官の方を向いて「失礼します」→礼→ドアを閉める。

動作を一つ一つ行うことがポイントです。

02 面接試験で話すこと

面接で何を聞かれるか、は準備させます。いきなり質問されて答えられる中学生はそういないからです。そこで、紙上面接という形をとるのがよいでしょう。紙上面接とは、よくある質問集の冊子を配り、自分なりの答えを書いて準備し、それを言う練習することです。言えるようになって初めて、面接練習が成立します。

また、書いた答えを言う際に、「はい」と返事をしてから答えるように指導するとよいです。「はい」と言うことで、少々の時間稼ぎができ、質問の答えを思い出したり考えたりすることができるからです。

1．呼ばれたら「はい」と大きな声で返事をする。 NG 挨拶もお辞儀もしないで入室する。	2．ドアの前に立ち、2回ノックする。 NG いきなりドアを開ける。	3．面接官より「どうぞ」の声があってから、両手でドアを開けて、「失礼します」と言い、軽くお辞儀をして一歩前に出て入室する。	4．ゆっくり静かにドアに向き直って両手で閉める。 NG 後ろ手でドアを閉める。

※最初の印象が面接の評価を大きく左右します。

[紙上面接のワークシートの例]

２．よく聞かれる質問ベスト１０

◎第１位～第１０位までの質問についてははっきりと答えられるようにしましょう。
各学校、面接中の質問の約８割はこれで対応できるようになり、残りの２割も準備次第で自然と対応できるようになります。では、実際の答えのかたちで質問の返答を書いてみましょう！

第１位…志望動機
○本校（志望校）を志望した理由を教えてください。

_____

_____

_____

_____

_____

○（専門学科・総合学科などの場合）△△科（コース・系）を選んだ理由は何ですか？

[教室の中で練習するときの例]

　紙上面接ができたら、クラスで実際に練習を行います。1回目は2人組、慣れてきたら3人組、4人組と増やしていきます。その際、以下のように役割分担すると客観的に自分の様子を見ることができます。

　私立の推薦試験と公立高校の試験とで時期がズレるので入試本番から逆算するとよいと思います。

時期	入試1ヶ月前までに	入試1ヶ月～2週間前まで	入試1週間前までに
人数	2人組	3人組	4人組
役割	お互いに質問を出し合い、答える練習	面接官・生徒・生徒を見ていて、アドバイスする人	面接官（2人）・生徒・アドバイスする人
内容	スラスラ言えるようにしておきたい。	入室から退室までの流れも加えて行う。	面接官が複数いることが多いと、どこを見たらよいかわからなくなってしまうので、余裕があれば行いましょう。
模擬	模擬面接はまだ早いかも。	模擬面接を2回くらいできるとよい	余裕があれば模擬面接を。

高校入試
前後

▶ねらい

　出願する学校に提出するものとその締め切りを確認することで、受験の意識を高めます。

　また、確認漏れを防ぐとともに、自己管理能力を向上させる利点があります。

▶指導のポイント

　生徒は、入学試験を受けることだけが入試と考えがちなので、試験を受けるまでの手続きがあることを知りません。

　また、保護者が手取り足取り確認してくれる生徒もいれば、自分で確認して保護者を動かさなければいけない生徒もいます。前者のような生徒には自立が必要ですし、後者のような生徒には確実に伝える必要があります。クラス全体で確認することで、自分の入試という気持ちが強くなります。

▶用意するもの

[生徒]

・入試要項（受験する学校のもの）
　→入試要項は基本的に、学校説明会で入手できます。
・チェックシート　（右頁に例示）

[担任]

・クラスの出願、入試のスケジュールを書き込むもの
　→名簿で一覧にしてあるものと、カレンダー形式のものと2つあると便利です。一覧とカレンダーの情報が一致していなければミスがある、ということで確認できます。

指導の留意点

01 生徒が自分で確認する

　入試要項を見ながら、以下の項目を確認し、チェックシートに書き込ませます。
・出願期間
・出願方法
・提出書類
・入試日
・合格発表日
・手続き締め切り日
　公立高校は全員が同じ受験日なので、一斉に書き込ませてもよいでしょう。私立のスケジュールは、同じ学校を受ける生徒同士で先に確認させるのもよいかもしれません。

02 担任と一緒に確認する

　生徒のチェックシートを自分のカレンダーと確認します。事前にスケジュールを確認できるのであれば、生徒の日付と自分のカレンダーが一致しているか確認します。

　事前にスケジュールを確認できない場合は、入試要項を見ながら一緒に確認すると漏れがありません。

　私立高校を多数受験する生徒は、チェックシートの欄を増やしたものの方に直接書かせることで、一覧にできます。

［志望校チェックシート］

公立第一志望者用（上）私立多数受験者用（下）

> 入試制度は、全国でやり方が異なります。
> 上のチェックシートは、公立高校入試１回・併願校の入試１回がスタンダードの神奈川県の場合、として作成してあります。

［志望校管理表］

	氏名	公立		私立					その他
		願書	面接シート	調査書	用紙	願書	推薦書	延納願	
1	生徒A	県立A高校		B学園	公	持参	C特待		宛名シール
2	生徒B	×		B学園	公	N→〒			
3	生徒C	県立B高校		C学院	公	持参			
4	生徒D	市立A高校		D高校	公	持参			送付用ラベル
5	生徒E	×		E高校	公	〒	○		
6	生徒F	市立B高校		F女子	公	N→〒			
7	生徒G	県立E高校		C学院	公	N→〒		○	
				B大附属	●	〒			切手342円
8	生徒H	県立E高校		F女子	公	N→〒		○	自己推薦書

健康教育

▶ ねらい

　3年生は受験を控え、今まで以上にストレスを感じることが多くなります。受験期を心身ともに健康に過ごせるよう、自分自身に合ったストレスの対処法を選択する力を身に付けさせます。

▶ 指導のポイント

　いよいよ受験も間近に迫ってくると生徒は焦りや不安から様々なストレスを抱えます。特に、思春期を迎える中学生は、成長に伴い分泌されるホルモンが心のバランスを崩すことや過敏にさせることがあります。自分がどんな場面でストレスを感じているのか理解させることで、自分に合った適切なストレスの対処方法を身に付けさせます。

▶ ストレスの対処法例

[深呼吸をする]

　ドキドキすると、心拍数が上がって呼吸が速くなります。それを下げるためにも深呼吸してみてください。

[体を動かす]

　机にばかり向かっていると、体を動かすチャンスが少なくなります。意識はしてなくても、体が動きたがっていて、それが知らないうちにストレスになることもあります。

[「大丈夫」と声に出して言う]

　不安な気持ちは頭の中で起きていることです。現実ではないのです。そこから抜け出す魔法の言葉が「大丈夫」です。少しでも大丈夫と思えたら、あとは何とかなります。

指導の留意点

01 ストレスの原因について理解する

　受験時期が近づくと、勉強以外にも多忙なうえ、友達との関係や受験へのプレッシャーなどでストレスを感じます。ストレスの原因について考えさせましょう。

○自分はどんな時にストレスを感じているのか、また、その時の気持ちや身体の変化はどんなかを考えさせる。

【ストレスの原因として考えられること】
・塾など学校以外のことで忙しい日々
・友達などとの人間関係
・家族の期待からのプレッシャー
・受験合否からのプレッシャー

02 コーピング方法を知る

○コーピング法について説明する。
　コーピングとは、ストレスへの対処法のことです。適したコーピング法と不適切なコーピング法があり、その場に適したコーピングを行うことで結果も変わってくることを教えます。
○ストレスを感じた時にどのようなコーピングをしていたのかを振り返らせる。

【よいコーピング例】
・自己主張する
・相談相手をもつ
・前向きに考える
【悪いコーピング例】
・どうでもよくなって何もしなくなる
・物にあたる
・ゲームにのめり込む

■ ストレス対処ワークシートの例

ストレスって何？　ストレスと上手に付き合う

3年　　組　氏名（　　　　　　）

1．今のあなたにとって、どんなストレッサーがありますか？　そしてどんなストレス反応があらわれましたか？

| ストレッサー | 自分の周りの全ての刺激 |

・＿＿＿＿＿＿＿
・＿＿＿＿＿＿＿
・＿＿＿＿＿＿＿
・＿＿＿＿＿＿＿

| ストレス反応 | からだの変化 |

・＿＿＿＿＿　・＿＿＿＿＿
・＿＿＿＿＿　・＿＿＿＿＿

心の変化

・＿＿＿＿＿　・＿＿＿＿＿
・＿＿＿＿＿　・＿＿＿＿＿

2．どんな対処がよいと思いますか？

ケース1
勉強しろと言われた。 → 勉強しようと思っていたときだったので、イヤだなと思った。 → 腹が立ちらだった。体がカッカした。 → □

ケース2
面接で、自分をアピールすることになった。 → 人前で話すのは苦手なので、どうしたらいいのだろうと思った。 → 緊張し体が固くなった。気分が重くなった。 → □

3．今日学んだことや今後に生かしたいことを書きましょう。

□

 場面に合ったストレスの対処法を考える

○ワークシートに場面の例を示し、それぞれのコーピング法を記入させる。

【場面の例】
・親に勉強しろと言われた時
・面接で自分をアピールすることになった時
・班で話し合いを行い、発表させる。
・各班からの発表を聞くことで、いろいろなコーピング法があることに気づかせる。

04 受験期をうまく乗り越えるコツ

○受験期のストレス対処法について話をし、規則正しい生活ができていることが土台にあることを理解させる。
・計画的な勉強や適度な睡眠などのバランスよい生活
・よい結果に結びつくための方法
・リラクセーションの行い方

○時間があればリラクセーションの実践をしてみてもよい。

【講師を招いての講演会の実施】
　生徒の現状や実態に応じて、講師を招いて講演会を実施することも必要です。スクールカウンセラーやコーディネーターに相談してみましょう。

中学校3年間で最も全力を尽くす
進路決定の2月

▶ **2月の目標**

　2月は3年生にとって進路決定の月です。中学校の3年間で最も全力を尽くす時期となりました。こんな時期だからこそ、学級全員の進路が決定していくまでは、学級が一つになって、励まし合いながら、温かい言葉あふれる学級になるように努力していく必要があります。また、担任は、志望校への出願や入学選抜（入学試験）の事前指導の場で信頼関係に基づいた適切な指導・助言をしっかり与え、生徒が安心して受験に臨めるようにしていくことが大切です。

2月の学級経営を充実させるために

受験への心得

　3年生にとっては、最も大切な勝負の時期になります。進路希望先が決定し、志望校へ願書を提出して入試本番を迎えます。願書提出の事前指導や入学選抜（入学試験）の事前指導をしっかり行い、事故や漏れがないようにしていきます。また、入学選抜（入学試験）の面接試験が終わった際に生徒に「入試面接等報告書」を提出させ、冊子を作成します。この冊子は来年度の3年生が面接練習を行う際に活用してもらえるように作成するものです。

受験日程の確認

　生徒には各自の受験日程を確認させ、間違いのないようにしっかり準備をさせるようにします。特に不安に思っていることやわからないことは担任が個別に相談に乗るようにし、助言と励ましを与えるようにします。

受験期の学級生活

　この時期に学級内には、就職選考が終わった生徒、通信制の高校などですでに合格が発表されていて進路先が決まった生徒がいます。これらの生徒と受験を控えている生徒では、緊張感の高さや心の余裕度に温度差が生じてきます。学級全員が進路決定するまでは、互いに励まし合い、支え合っていきたいものです。

● **2月の学級経営の三本柱**

　① 受験の事前指導をしっかり行い、事故や漏れがないようにする。

　② 受験日程を確認させ、間違いのないようにしっかり準備させる。

　③ 学級全員で互いに励まし合い、支え合える学級をつくる。

注意事項

　生徒は、願書や面接シートを書いて完成させなければなりません。自分のことだからと生徒任せにせず、担任が適切なアドバイスを与え、不備がないようにしっかり確認していくことが大切です。

入試の事前指導　資料編

入学試験　事前指導

※この内容は今日の夜のうちに、保護者の方と一緒に読んで、もう一度確認しましょう。

☆今日、家に帰ったら必ず配布されたプリントをすべて見直す。

☆筆記試験や面接時間に関することや持ち物の確認。

☆欠席や遅刻の連絡、携帯電話、事故等による交通機関の乱れ、大雪、地震災害など緊急時の対応等についての確認。

１．持ち物

　・絶対に忘れ物をしない。前日の夜にカバンに入れて寝る！ 試験当日の朝ではダメです！

　・通学カバン、受験票、上履き、筆記用具、生徒手帳、交通費、緊急用のお金、昼食（必要な場合）、ハンカチ、ティッシュ

２．服装

　・制服を正しく着る、靴下、靴、セーター、スカート丈、出願時に準じた防寒着、ズボン丈など

　＊タイツに靴下を重ねばきはNG　＊セーターは面接前には脱ぐ

３．その他

　必ず守ってほしいことがたくさんあります。

　① 必要ならば、前日に上履きを持ち帰ること。持ち帰った上履きは次の登校日に忘れない。

　② 寝る前には、必要なものをカバンの中に入れてください。当日の朝ではダメです！

　③ 家を出る前にもう一度、服装と持ち物をチェックしてください。

　④ 当日は中学校には登校しないで家から直接、高校に行きます。

　⑤ 時間に余裕を持ち、指定された時間の30分前には高校に着くようにしてください。

　⑥ 朝から気分が悪い、風邪がひどい、その他の理由で受験ができないかもしれない場合は、中学校に電話してください。

※高校に直接電話をしないでください。

※遅刻防止のため、友達同士で待ち合わせはしないようにします。

※家を出るときから受験は始まっています。教室、控室などで待っている時も、静かに落ち着いて座っていること。たとえ○○中の生徒が一緒であっても、友達や同室の人と不要な会話は厳禁です。

※何もないときは、テスト当日（筆記・面接等共に）は、中学校に連絡も、登校する必要もありません。

模擬面接

▶ねらい

　面接という場面を設定し、限られた短い時間でも、自分のことを理解してもらえるような自己表現のスキルを身に付けることをねらいます。

▶指導のポイント

　高校受験のためだけでなく、友達、家族以外の人に対しても、あらたまった話し方で、自分のことをきちんと伝えられるようなスキルを身に付けられるようにします。

　事前に生徒自身のPRカードを記入し、自分の見つめる時間をとるようにしましょう。

■ 模擬面接時　ワークシート例

```
（　　　　　　　　　）さんへのアドバイスカード
　　　　　面接官（　　　　　　　）より
◇マナーについて
入室の時の挨拶
歩く時の姿勢
座っている時の姿勢
話している時の視線
質問に対する受け答えの態度
終了時の挨拶
退室までの動き
◇受け答えについて
話し方
難しい質問をされた時の応対
よかったところ
（　　　　　　　　　　　　　　　　　　）
次回に向けての改善点
（　　　　　　　　　　　　　　　　　　）
```

指導の留意点

01　学習の目的と内容について知る

　「今日は面接の体験をしてもらいます。これから義務教育を終えようとする皆さんに、ぜひとも身に付けてほしいことがあります。それは、自分をわかりやすく伝えるスキルです。」

　「私のPRカード」は事前に宿題として記入しておくようにします。「私」を主語にした言い方を練習します。

02　面接のロールプレイを見る

　事前に学級委員等に面接官の役割を頼んでおきます。教師が生徒役、生徒2人に面接官役をしてもらい、ロールプレイを見せます。その際、大げさに間違ったり、失敗したりしているところを見せ、間違ってもよいという意識をもたせます。数名を指名し、自分が伝えたいことが表現できているか確認します。

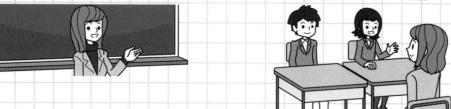

■ 模擬面接時の面接官用プリント

> 　面接官のみなさん、今日はこんな質問をしてみてください。練習時間は５分です。すべて質問することはできませんので、質問をよく選んで、相手の人柄をつかんでください。一問一答で終わらずに、できるだけ答えを深めるようにしてください。これらの質問は、実際に面接試験で質問されたものです。

□氏名、出身中学校を教えてください。
□ほかにも高校があるのに、あなたはなぜこの学校を志望するのですか。
□あなたは、この高校で何がしたいのですか。
　（理由を言わなければ）あなたは、なぜそう考えているのですか。
□あなたの将来の夢を教えてください。
　（理由を言わなければ）あなたは、なぜそう考えているのですか。
□あなたが最近関心をもったニュースを教えてください。
　（関心をもったところを具体的に言わなければ）
　どんなところに関心をもったのですか。
□あなたの特技を教えてください。
　（具体的に言わなければ）あなたは、どんなことに積極的だと思うのですか。
□あなたの長所を教えてください。
　（具体的に言わなければ）どうしてそう思ったのですか。
□あなたは中学時代にどんなことをしてきましたか。
　（具体的に言わなければ）例：部活動ですね。どんなことを心がけて毎日活動したのですか。
□あなたの中学校時代の一番の思い出を紹介してください。
　（具体的に言わなければ）「修学旅行」のどんなところが思い出に残ったのですか。
　というように相手の答えをさらに深めるようにしてください。

03 実際に模擬面接をする

　３人組をつくって、１人は生徒役、２人は面接官役の役割分担をします。面接は１回５分とし、時間が来たら「アドバイスカード」に記入します。
　ドアをノックするところから始め、終わったら役割を交替します。担任は、グルーピングや進行が滞っているグループを支援します。

04 振り返りをする

　事前に面接のスキルアップ３か条を模造紙等に書いておき、素早く提示します。

面接のスキルアップ３か条

> ①「伝えたい自分」を繰り返し頭の中でえがくこと
> ②「私を主語にした言い方」を何度も練習すること
> ③ まねすることをためらわないこと

　アドバイスカードを本人に渡し、５分間で、それぞれのよかったことや改善点について意見交換するようにします。

薬物乱用防止教室

▶ねらい

薬物乱用の有害性や違法性、薬物情報への適切な対処や防犯行動についての理解を通して、正しく判断し行動できる態度を身に付けることができるようにします。

▶指導のポイント

学校の実態を踏まえ、生徒による自主的・実践的な活動につながるように、創意工夫して取り組みましょう。

各教科や道徳科、総合的な学習の時間などでの指導との連携を図ると効果的です。家庭や地域の人々と連携し、社会教育施設などを活用することも考えられます。生徒が生涯にわたって薬物乱用による害から身を守り、薬物乱用を防止する社会づくりに貢献できるような資質・態度を育成します。

▶薬物乱用防止教室の実施

文部科学省は、警察職員、麻薬取締官OB、学校薬剤師など、外部の専門家による薬物乱用防止教室を年に1回以上開催することを中学・高校に求めています。

薬物乱用防止教室では、保健委員会の生徒が中核となって計画、準備、運営などを行うことも考えられます。

学校薬剤師には、薬物の有害性とともに、日常的に摂取することが可能なカフェインを含む飲料や市販薬など生徒に身近なものを具体的に挙げて話をしてもらうようにします。

警察職員には、現在の社会状況（検挙数や法で罰せられた例など）を挙げながら、薬物に関わらないための危機回避能力（断り方）の重要性について話をしてもらうようにします。

外部講師とは事前に十分な打ち合わせをするように心がけましょう。

指導の留意点

01 教科横断的な指導

保健体育科の学習

2学年「喫煙、飲酒、薬物乱用と健康」において、喫煙や飲酒とともに、薬物乱用などの行為が心身に影響を与え健康を損なう原因であり、適切に対処する必要性を理解する学習をしていることを踏まえて指導しましょう。3学年では、「健康を守る社会の取組」の学習と関連付けることができます。

教育活動全体での指導

保健体育科の学習に加えて、関連教科、道徳科、総合的な学習の時間等も活用して、カリキュラム・マネジメントに取り組みましょう。

02 事前の指導

事前アンケート

これまで薬物乱用について学習してきたことを踏まえて事前アンケートを実施します。
「薬物乱用について知っていること」
（覚せい剤や大麻など薬物の種類や依存性、心身や社会への影響に関する記述が想定されます）
「薬物乱用のきっかけとして考えられること」
（先輩・友達からの誘い、ストレスなど心理的なもの、SNSなどの記述が想定されます）

朝の会

学級担任から「薬物乱用防止教室」の日程、意義や留意点を周知しておきましょう。

■ 薬物乱用防止教室の流れ

1）開会の言葉
2）薬物乱用に関する知識クイズ
3）薬物乱用のきっかけに関する劇
4）外部講師による講話
〈学校薬剤師〉
〈警察職員〉
5）先生からの話
6）閉会の言葉

［若者に広がるオーバードーズ］

オーバードーズ(Overdose)とは、薬を使う時の一回当たりの用量(dose)が過剰(Over)であること、つまり薬物の過剰摂取のことです。

薬物乱用というと、覚醒剤や麻薬などの薬物を連想するかもしれませんが、実は、風邪薬など市販薬の中にも覚醒剤のような作用がある成分を含んでいるものがあり、決められた用法・用量を守らなければ、死に至ることや、使い続けることで依存症に陥る危険性があることも知っておくべきです。

03 事後の活動

当日の帰りの会

薬物乱用防止教室の感想を記述させます。数名の生徒に発表を促し、振り返りましょう。

再度、「薬物には絶対に手を出さないこと」「インターネットを通じた薬物の事件等に巻き込まれないよう注意すること」「薬物乱用の誘いへの断り方」について確認しましょう。

薬物乱用防止の標語作成

家庭での課題などで、学習を生かした標語を作成することにより、一人一人が、より自分のこととして考えることができるようにします。全校集会などで表彰し、校内に掲示して、見合うことができるようにしましょう。

04 学習内容を深める

社会教育施設の活用

更生施設の職員や更生した当事者に話を聞く体験の機会を設けることができれば、さらに薬物乱用から更生することの困難さと、決して手を出さない強い意志の必要性を感じることができ、学びを深めることができます。

日常の指導の中で

「上手な断り方」のスキルについては、様々な場面を通して指導することができます。単発の学習で終わらないよう、日々の中で継続して指導するようにしましょう。

学年末の通知表

▶ねらい

　3年生、3学期の通知表は、生徒の学校生活について、学級担任から個々の保護者あての中学校最後のお知らせです。これまでの3年間の成長を振り返り、希望がもてるようにします。

▶指導のポイント

　多くの保護者は、自分の子どもが豊かな人間関係の中で元気に充実した学校生活を送ってほしいという思いをもっています。しかし、中学3年生にもなると我が子の学校生活での様子について、だいたい想像できていて過度の期待を抱くことはあまりありません。ですから、保護者が気づいていないその子のよさや努力の様子を知らせることは、生徒にとっても保護者にとっても、今後の希望につながります。

■スプレットシートの下書き例

1学期所見	2学期所見
○○○○○ 責任感が強く任された仕事は、最後までキチンとやり遂げようと努力しています。部活動では	学習への意欲の高まりを感じます。よく努力し、学習内容をよく理解しているのですが、○○○○○○○

Excelなどを使って、これまでの所見を見られるようにします。一人一人の生徒を多面的・多角的に見て、これまでに触れてこなかった面も書けるように努めましょう。

指導の留意点

01 生徒自身の振り返りを生かす

　進級当初と比べて、どのような成長が見られるか、生徒にアンケートを行います。
○3年生の1年間で、できるようになったこと、自分が成長したと思うところ
　・学習面　・生活面　・その他
○今後、頑張っていきたいこと、頑張らないといけないこと
　・学習面　・生活面　・その他
　このようなアンケートを参考にして、生徒自身の振り返りと、担任としての評価はどうなのか、また、課題についても比べてみます。
　生徒の思いを踏まえた上で所見を書くことによって、担任の思いが届きやすくなります。

02 他の教員や他の生徒からの情報を生かす

　学級担任は生徒を日頃からよく見ていますが、見られる時間は、学校生活のすべてではありません。また、学習面の成長も学級担任が担当している科目だけとは限りません。自分の目の届かないところで、生徒は成長したり、課題を抱えていたりするものです。
　そこで、生徒同士の相互評価や、他の生徒のつぶやき、他の教員からの情報を生かします。もちろん、聞いたことをそのまま活用することはできませんが、その情報を意識して生徒を見ると、これまで見えていなかったことが見えてきます。チーム学校として、生徒を育てることは大切です。自分も他のクラスの生徒で気になることやよさを見つけた時は担任に伝えてあげましょう。

3学期期所見	文字数	生活人間関係	委員会係・当番	学習	行事	部活動	その他
学級委員として、今、クラスで課題となっていることに気づき、クラスでの話合いをもとうと計画していました。○○さんのその働きかけによって、卒業前のクラスの絆がさらに強まっていくのを感じました。常に全体のことを考えて行動することができ、級友から信頼されています。この姿勢はこれからの生活の中でも大切なことです。自分に自信をもってさらに飛躍してほしいと願っています。	189	責任感強い 最後までやり遂げる	学級委員 クラスのでも人権に関わることに気づき、話合いをもつことを提案した。	できるのに、なかなか自信がもてない		サッカー部部長	これからも自分に自信をもって頑張ってほしい

短い言葉で簡潔に書くようにしておけば、気づいたときに、短時間で負担なく書くことができます。

今後につながる期待とアドバイス

03 生徒と保護者にエールを送る

　指導の成果と生徒の活動の様子や成果、課題などを保護者に知らせるのが通知表ですが、3年生最後の通知表は、生徒と義務教育の責任を果たした保護者へのエールにしたいものです。また、卒業後、社会に出る生徒にとっては、人生で最後の通知表です。今後何かの機会に、通知表を読み返すことがあるかもしれません。その時に、保護者や生徒の心の支えになるものであってほしいと思います。

04 最終のチェックは念入りに

　心に残る所見が書けていたとしても、誤字・脱字や記入ミスがあると、受け取る保護者はがっかりします。中3のこの時期は、やらなければならないことがたくさんあり、気持ち的にも時間的にも余裕がなくなりがちです。しかし、通知表を書き終えたら、そのまま提出するのではなく、必ずきちんと出席、欠席、忌引欄の数、評定についても確認します。
　学級担任として、笑顔で自信をもって渡せるようにしておきましょう。

キャリア教育

▶ねらい

　生徒自身が、これまでを振り返り、今を見つめ、これからを考える活動を通して、自分の進むべき道を確かめ、不安の解消と将来への希望や目標をもつことができるようにします。

▶指導のポイント

　進路が決まりつつある時期で、心理的な葛藤が一層強く生じている時期でもあります。同じ教室の中に、進学・就職先がすでに決まっている生徒、受験に失敗して、次の試験に備える生徒、これから第一志望の受験を待っている生徒、様々な状況でそれぞれの思いをもっている生徒たちがいます。短期的には高校生活、中期的には高校卒業後、長期的にはその後の人生といった視点をもてるようにしましょう。

▶キャリア教育とは

　今般の学習指導要領には、「生徒が、学ぶことと自己の将来とのつながりを見通しながら、社会的・職業的自立に向けて必要な基盤となる資質・能力を身に付けていくことができるよう、特別活動を要としつつ各教科等の特質に応じて、キャリア教育の充実を図ること。」と示されています

　キャリア教育とは、「一人一人の社会的・職業的自立に向け、必要な基盤となる能力や態度を育てることを通して、キャリア発達を促す教育」です。

　学級活動の時間に、以下のようなことに取り組むとよいでしょう。
①3年間を振り返る
②18歳の自分を想像する
③35歳の自分を想像する
④これからやっていきたいことを友達と話し合う
⑤なりたい自分になるために取り組みたいことを意思決定する

指導の留意点

01　3年間を振り返る

　まず、義務教育を終えようとしていることを、生徒と共有しましょう。生徒自身が3年間での具体的な場面を思い起こしながら、自分の成長を実感することができるようにします。特に生活面、学習面において、これまで様々な問題や不安をどのように克服してきたか、どのように乗り越えてきたかを振り返るようにします。そのことは、今の悩みや、これからの課題の解決のヒントになるからです。

　様々な問題や不安の解決には、家族や友達、先生や先輩など、自分以外の人の助けや支えがあったことに気づけることでしょう。

　振り返りの際には、キャリア・パスポートを活用することもできます。

02　キャリア・パスポート

　「キャリア・パスポート」は、これまでの生活を振り返ったり、これからを見通したりしながら、学びの軌跡を記録し、積み重ねていくことで、生徒の今後の人生を創っていくための「道しるべ」にすることをねらっています。

　記入の際には、自分の成長を見取り、その理由を考えることで自分自身を深く振り返り、今後の成長や意欲につなげることができるように、じっくり考えさせることが大切です。記入できない生徒へは、教師が見取った成長やその理由について、言葉かけを行いながら、生徒自身が成長に気づくことができるようにするなど、個別の支援を行います。

　記入するだけでなく、様々な教育活動の中で活用していきます。

自分の進路（35歳(さい)までの）計画を立ててみましょう。

この時、私はこのような生活をしています。

| 家庭で | 社会で | 地域で |

この時、私はこのようなことに挑戦(ちょうせん)しています。

この時、私はこのようなことに挑戦(ちょうせん)しています。

どのような中学校生活を送っていますか。

35歳

22歳

18歳

15歳

14歳

進路計画を立ててみて、今現在、努力しなければならないことをあげてみましょう。

（そのように考えた理由も記入してください）

参考：かわさき在り方生き方ノート「はばたき」

楽しかった中学校生活の締めくくりの3月

▶ 3月の目標

　中学校生活最後の月となります。卒業式の式練習も始まりますが、学級で行いたいことも多くあり、学級の諸活動は、時間を有効に使い計画的に取り組む必要があります。この卒業期の学級の諸活動は、生徒自身が成長を確かめながら心に残る中学校の最後の思い出づくり、楽しい学校生活の締めくくりとなるようにするものです。

3月の学級経営を充実させるために

思い出に残る1分間スピーチレター

　卒業にあたって、この3年間の学校生活を振り返り、学級や部活動、生徒会活動など各自の思い出を1人1分スピーチでビテオレターにします。昼休みや放課後を利用して、学級選出の放送委員が放送室で撮影した後、編集して動画にしていきます。心に残る卒業の思い出になるようにします。

3年〇組感謝祭

　3年間を振り返り、お世話になった学校や先生方、下級生へ感謝の気持ちを表すようにしたいものです。中学校の終わりに、いろいろな面で支えてくれた先生方への感謝を表すためにどう具体的に表すかを考えさせ、「感謝を表す会」を開かせるようにします。

3年〇組学級お別れ会

　中学校卒業という大きな節目を迎え、学級での団結の素晴らしさ、人と人との出会いの素晴らしさなどに気づかせながら級友との絆を深め、新たな出発を祝う会としたいと思います。この会をただ「楽しかった」で終わらせないで、ねらいをもって行わせるようにします。

サプライズ、お祝いメッセージ

　中学校卒業にあたり、担任から生徒一人一人にメッセージを送るようにします。その生徒の頑張ったところ、成長したところ、人間的に優れているところなどをメッセージに表して卒業式の最後の学活で贈るようにします。

● 3月の学級経営の三本柱

　① 心に残る学級独自の卒業の思い出となるものを作成させるようにする。

　② 3年間を振り返り、お世話になった学校や先生方、下級生へ感謝の気持ちを表すようにする。

　③ 学級での団結の素晴らしさ、人と人との出会いの素晴らしさなどに気づかせるようにする。

注意事項

　卒業期は、通知表・指導要録・指導要録の抄本という事務仕事があります。卒業期の教育活動に支障がないようにしながら、ミスのないよう慎重にかつ計画的に事務処理を行なっていく必要があります。

３年○組感謝祭

　卒業を間近に控え、いろいろな面で支えてくれた先生方へ感謝を込めて「感謝する会（３年○組感謝祭）」を企画し、実施していくものです。

▶ねらい

　お世話になった先生方にどう感謝の気持ちを伝えるか、一人一人がどんな活動ができるかを考え、自分たちで企画し運営していくことができるようにする。

▶活動例

●「３年○組感謝祭」前の取り組み

① 「３年○組感謝祭」の企画案を学級プログラム委員会（班長会）が作成します。

② 「３年○組感謝祭についてのアンケートを学級プログラム委員会が作成します。

　　・どのような会にしたいのか　　　　・どの先生を招待するのか。

　　・役割分担はどうするのか（司会、案内状の作成者、簡単なプレゼントの制作者など）

●学級会を開く

① アンケートの結果を発表する

② 感謝祭の企画案を提示する

③ どのようなことができるか全体で話し合い、決定していく

④ 一人一人がどんなことができるか話し合う

⑤ 役割分担を決める

●「３年○組感謝祭」を開く

① 校長、学年主任、副担任、教科担任、サプライズで部活動の顧問の先生などを招待します（出席していただける先生のみの参加。あらかじめ担任が打診するようにします。

② 感謝を込めてお礼を伝える。

③ 感謝を込めて簡単なプレゼントを差し上げる。

④ 出席された先生からお話をいただく。

⑤ 代表者が謝辞を述べる。

▶活動後のポイント

　参加できなかった先生にはメッセージとプレゼントを後日届けるようにします。

卒業生を送る会

▶ねらい

3年生が中学校で過ごした日々を振り返り、中学校生活のまとめの場とします。また、生徒会活動の1年間のまとめとします。

▶指導のポイント

3年生は総合や学活の時間に進路の動きが入るので、学年全体で出し物をするための準備時間を十分にとることができません。そのため学級委員や応援団長を中心にアイデアを発案させ、各クラスで出し物を企画します。しかし、教員がある程度道筋を立てないと、お祭り行事になってしまう可能性もあるので、ねらいをきちんと伝えた上で企画するように伝えます。最後は学年全体で、呼びかけや学年合唱を行うなど、全体で締めるとよいでしょう。

▶中3生からの返礼企画

3年生の返礼としては呼びかけ・団長からのエール・学年合唱などが一般的な企画内容だと思います。

呼びかけは、お世話になった先生方や在校生にこれまでの感謝の気持ちを伝えます。学級委員等を中心に言葉を考え、全員で気持ちを伝えましょう。

応援団長からのエールは、各学校で独自のエールがあれば、3年生全員から在校生へパワーを届けましょう。独自のエールがなければ、体育祭での応援合戦をなぞった内容でよいと思います。

学年合唱は、まさに卒業式に向けて合唱の練習を進めている時期だと思います。旅立ちに向けての思いを胸に、最後は最高学年らしい立派な合唱で締めくくりましょう。

当日に向けての準備

01 3年担任として伝えること

卒業生を送る会は、3年生が中学校で過ごした日々を振り返り、中学校生活のまとめとする場だということを伝えます。在校生や先生方が、お祝いの気持ちを込めて企画や運営をしてくれているので、その気持ちに応える出し物・態度で臨むよう学年教員とも共通認識をしておくことが大切です。中学校生活のまとめとして、3年間中学校で過ごした日々（学校生活、行事、部活動、委員会）の恩返しだということを伝えましょう。

02 クラスからの出し物

クラスからの出し物は、その場でする出し物か移動して舞台に上がる出し物、スクリーンを使う出し物かによって、内容は変わってくると思います。在校生も共通してわかる内容がよいので、体育祭や合唱コンクールなどの学校行事と絡めて企画すると盛り上がります。同じブロックの後輩たちに向けてのメッセージがあると、後輩も嬉しい気持ちになります。

```
┌─────────────────────────────────────────────────────┐
│  ┌──────────────┐          ┌──────────────┐ ┌───┐   │
│  │ → 3年生の方を向いて座る │  │ ← 1・2年生の方を向いて座る │ │ス │   │
│  │   2年生の座席  │          │   3年生の座席  │ │テ │   │
│  └──────────────┘  ここで出し │          │ │ー │   │
│  ┌──────────────┐  物をする │          │ │ジ │   │
│  │ → 3年生の方を向いて座る │  ことも   │          │ └───┘   │
│  │   1年生の座席  │  可能     │          │            │
│  └──────────────┘          └──────────────┘            │
└─────────────────────────────────────────────────────┘
```

> 舞台を使用しても、スクリーンを使用してもよい。
> 舞台を使用する際は、動線や移動時間も考える。

03 学年からの出し物

　最後の締めくくりに3年生からの呼びかけや出し物を企画しましょう。流行りのものを取り入れてもよいですが、感謝の気持ちを伝えるというスタンスを忘れずにしましょう。また、学年合唱なども行うのもおすすめです。1・2年生が合唱をしてくれるのなら、お返しに学年合唱をするという形にするとよいでしょう。

04 全体を通して

　実行委員会を発足する学校もあり、学校全体で動いていく大きな行事の一つです。実行委員の仕事は、当日の企画・運営だけでなく、プレゼント準備、招待状作成、垂れ幕作成、会場装飾など、多くの時間をかけて、準備を進めています。その陰で動いている生徒や教員たちに、担任として感謝の気持ちを伝えましょう。

卒業期の学年行事

▶ねらい

進路決定に向けて、調査書の作成や履歴書・願書の点検など事務的業務の正確な遂行をしないといけません。最高の卒業式に向けての緻密な準備を同時進行で行いましょう。

▶指導のポイント

進路決定に向け、生徒がこれまで身に付けてきた知識や技能、個性やコミュニケーション能力等を最大限に発揮できるように、個に応じた学習指導や面接指導を行いましょう。一方、進路決定に向けての多忙感や重圧の中で周囲に配慮を欠く言動も見られがちです。進路決定の先には中学校生活を総決算する卒業式があることを意識させ、「進路決定」と「最高の卒業式」の両方を実現できるように指導していきます。

▶3年生を送る会に向けての企画

3年生を送る会は、卒業生と在校生が作り上げる最後の生徒会行事となります。全校生徒で企画・運営を行うとともに、みんなの成長を確かめ合うよい機会です。

下に示すのは、「3年生を送る会」に向けて行う生徒会中央委員会の議案書です。

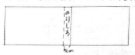

具体的な取り組み

01 卒業制作

学年全員が参加して折り鶴壁画を制作します。この壁画は、卒業式で体育館ステージの背面に立てかけると卒業式の装飾としての効果も大きくなるでしょう。下絵を募集し決定したら、ステージ背面の台紙を10㎝四方に分割し線を入れます。必要な色の折り鶴を折り、貼っていきます。学年全員で制作した立体的な大壁画の完成です。

みんなが参加しやすく、思い出を形にすることができるとともに、あまり費用をかけず、設置・撤去が簡単にできます。また、ちょっとした時間ができたとき、折り鶴を折ることができるため生徒は楽しんで作業に取り組みます。

02 球技大会

各学年の学期末等で何度か実施してきた球技大会（スポーツ大会）の最終回「Last ball sports day!」です。

生徒自身でスローガン（例：One team, One Goal）やセレモニー（例：選手宣誓、聖火リレー）、種目、ルール、表彰（例：手作りのメダル）、記念撮影、応援などについて話し合わせ、生徒の自主的・自治的な活動が効果的に展開されるように支援していきましょう。

最後の大会ということで、白熱した戦いとなる一方で勝敗に固執しないで、学年全体でスポーツライフを楽しむという一面もみられることでしょう。優勝チームと職員チームの対戦を企画するのもよいでしょう。

[盛り上がるかくし芸のアイデア]

・職員劇や職員の歌は盛り上がることでしょう。
・歌は職員の十八番で、職員劇もテレビドラマやアニメなど誰もが知っているものを行えばさほど練習はしなくても発表できます。
・募集をすれば参加したい生徒はおり、素晴らしい特技を持っている生徒もいるでしょう。。

・小道具や衣装にもこだわると生徒からも好評になりやすいです。
・先生方の意外な一面が発見でき、生徒は大喜びです。

[野外炊飯で協調する工夫]

・最後に同じ釜の飯を食べる。
・炊事班は、男女混合とし、生徒自身で決める。
・メニューは自由。
・メニュー決めから、食材買い出し、当日の野外炊飯での協力など、これまでの集団活動のよさを発揮できる。

03 3年生を贈る会（職員劇）への参加

　在校生とともに学校行事としての3年生を送る会に参加します。在校生が中心となって、企画・運営をしてくれます。3年生の学年としての進歩や個々の成長を振り返りながら、卒業式に向けての決意を新たにするとともに、友達や先生の知らなかった特技などを発表してもらいみんなが楽しめる会になるように協力します。友達の超一流のパフォーマンス、1年生の時から撮りためた「思い出のDVD」の放送、教職員による演劇や歌の披露などで盛り上がり、お別れする卒業式を一層大切しようとする気持ちが高まります。

04 卒業遠足

　学年・学級の親睦を図り、最後の思い出づくりとして卒業遠足を実施します。近年は生徒の多様化からテーマパーク等での自由行動が増えていますが、これまで築き上げてきた協調性、信頼関係を再確認するために野外炊飯を行うのもよいでしょう。メニュー決定や食材購入、調理・片づけ等多くの場面で、他者と協働する姿が見られます。
　もちろん教員もオリジナルメニューを同じ条件でつくります。どんなおいしいランチができ、早く片付け終わるか、先生たちが頑張り汗だくになる姿を見せることが何よりの教育です

卒業の前に

▶ねらい

卒業前に、自分を支えてくれた友達のよいところを見つけて、温かな人間関係を築く活動です。人から認められ、自信をもって卒業後の新しい生活が送れるようにします。

▶指導のポイント

卒業を目の前にしている子どもたちに1年間を振り返り、たくさんの思い出に思いを巡らせる雰囲気をつくって、活動に入るようにしましょう。4人程度のグループをつくり、全員分の花びらカードを準備し、メッセージを書いて交換します。もらえない人がいないように、グループの全員分を必ず書くようにしましょう。手渡しをするときには、一言添えて渡し、台紙に貼って、まとめます。思い出を胸に卒業できるようにします。

▶活動を支えるワークシート

ワークシート①は、グループのみんなからもらったカードを貼ってまとめるものです。また、活動を通して感じたことや考えたことを振り返って記入する欄を設けています。振り返りを書くタイミングは、生徒の実態に応じて設定します。文字にしてからグループで話し合う方が活発な感想交流につながるのか、言葉で気持ちを分かち合った後に自分で振り返って文字に表した方が考えを深めることができるのか等、日常の様子を踏まえて、記入する時間を設定しましょう。

ワークシート②は、グループの友達にメッセージを書く花カードです。必要に応じて枚数を増やして使用してください。初めから、1枚の花カードを人数分用意して配布する方法もあります。完成例があると、活動の見通しをもつことができるでしょう。

指導の留意点

01 1年間を振り返る

1年間の思い出を振り返るための活動をします。行事のグループで集まって座る「●●で集まれ！」や、撮りためたビデオを短くまとめて視聴するなど工夫してみましょう。グループで、自由に語り合うことができる温かい雰囲気を大切にします。

02 友達のよさを見つけ伝え合う

グループ全員の花カードを準備します。一緒に学校生活を送る中で見つけたよいところ、自分が見習いたいところ、他の人が知らないよいところなどを記入する時間を設けます。必ず全員分を書き、一言添えながら友達に手渡しするように支援しましょう。

■ワークシート例

ワークシート①
（みんなからのカードを貼り振り返る）

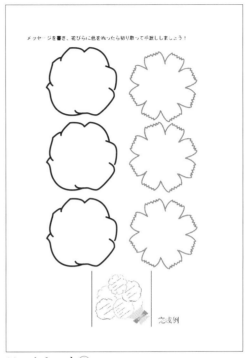

ワークシート②
（花カードと完成例）

03 グループで今の気持ちを振り返る

友達からもらった花カードを台紙に貼って、まとめたら、別れの花束をもらってみて感じたこと、考えたことをグループの中で話し合います。自分のよさについて思ったことを言語化することで、より深く自分と向き合うことができます。

04 クラス全体で今の気持ちを分かち合う

グループで出た意見をクラス全体で共有します。活動の中で気づいた自分のよさを大切に卒業後も自信をもって歩んでいくことができるように言葉をかけましょう。また、卒業までの残りの日々を大切にすることにも目を向けられるようにします。

卒業式

▶ねらい

中学校生活最後の晴れ舞台。卒業生、在校生、保護者、教職員、地域住民が一堂に会して、巣立ちゆく生徒の節目を祝い、新たな生活への希望をもたせましょう。

▶指導のポイント

生徒が卒業式の意義を理解し、厳粛な雰囲気の中で、自身の成長を確認するとともに、サポートしてくれた保護者や在校生、地域住民をはじめとする多くの人たちに感謝の意を表すことが大切です。式典に臨む態度はもとより、ともに成長し支え合ってきた仲間や教職員への感謝の気持ちを表したり、思い出を伝え合ったりして、お互いに成長を喜び合い、卒業後の生活に希望をもたせましょう。

▶ 卒業式までの特別時間割

卒業式の2週間ほど前になると、3年生は特別時間割が組まれます。受験・進学等に関する対応をしながら、「最高の卒業式」に向けての準備を行います。その学年の生徒の特色を活かしながら、生徒の意見を取り入れて、計画していくとよいでしょう。先生方の企画・アイデアを超えていきます。

令和○年度　　第3学年 卒業期特別時間割 （例）

月	日	曜	1時間目	2時間目	3時間目	4時間目	5時間目	6時間目	その他
2	24	金	学年集会	式練習①	学活	学活	学活	学活	メニュー決め　式歌練習
	25	土							
	26	日							
	27	月	球技大会				生徒総会		卒業制作
	28	火	学活	学活	公立高校合格者発表				
3	1	水	式練習②	式練習③	地域奉仕活動		食材買い物		
	2	木	卒業遠足（野外炊飯）						
	3	金	三年生を送る会			卒業制作完成(代表)			
	4	土							
	5	日							
	6	月	球技大会				生徒総会		
	7	火	校内整備活動				学活	学活	
	8	水	式練習④	式練習⑤	学活	学活	予行練習⑥⑦		アルバム・文集配付
	9	木	式練習⑧	学活	学活				卒業式前日準備
	10	金	第○○回　卒業式						

指導の留意点

01 礼法指導・参加者に向けての配慮

卒業式という儀式的な行事にふさわしい参加の仕方について理解させ、厳粛な場における礼儀やマナー等を身に付けられるようにしましょう。
・服装・身だしなみ
・入退場方法や道順
・礼の仕方
・返事の仕方
・卒業証書の受け取り方・持ち方
・式場内の歩き方・前後の間隔
・話を聞く姿勢
生徒や保護者にとって一生に一度の中学校の卒業式です。長時間の参加や移動の困難な生徒、不登校など特別な教育的配慮の必要な生徒・保護者とは事前に十分に相談しておきましょう。

02 卒業式の歌

卒業生にとって学年全体でこれまで築き上げてきた絆を発表できる最後の機会です。学年集団の集大成ですから思う存分練習をさせてあげましょう。できれば、在校生・保護者・教職員の方を向いて歌わせたいものです。フィナーレが近づくともう涙が止まらなくなるでしょう。

学年で練習計画を立て、同じ時間帯にクラスごと練習をします。できれば隣のクラスなどと合同でのパート練習をするのもよいでしょう。

優勝を目指す合唱コンクールの練習の時とは違い、卒業式で最高の歌を発表するのが目標ですから和気あいあいと練習に取り組むでしょう。

[卒業制作発表の工夫]

卒業制作で作った大壁画をステージの背面に飾り、お披露目するとともに、そのいきさつや制作の様子を卒業生代表の言葉の中に織り込むとよいでしょう。

　卒業制作の撤去は、在校生にお願いすることになりますが、可能なら入学式まで残しておくとよいでしょう。卒業生から新入生への、伝統の継承にも繋げられる可能性があります。

[思い出のワンカットの工夫]

　嬉しくもあり、寂しくもある卒業式後の最後の学活です。

　先生からの「はなむけの言葉」の終わりが、写真撮影タイムスタートの合図となるでしょう。先生と生徒があまりかしこまらず、自由な雰囲気で場所を入れ替えながら、全員が写るようにします。撮った思い出のワンカットは、何らかの方法で卒業生のもとに届くように配慮してください。

03　担任の先生からのメッセージ

　卒業式当日登校してきた生徒に向けて、担任が黒板いっぱいに一人一人の生徒に向けてメッセージを書きます。卒業式後の写真スポットにもなります。一方、生徒が担任にお礼のメッセージを書きたいと言ってくることもあるでしょう。前面黒板と背面黒板がメッセージで埋め尽くされたら素敵な教室になることでしょう。

04　5年後に会おう

　中学校を卒業し、高校・大学等への進学、就職などによって地域を離れる仲間も多くなります。成人年齢が満18歳となっても、「二十歳を祝う会」などとして多くの自治体で工夫された式典が行われています。「5年後に会おう」を合言葉に、再会の日を楽しみにさせ、送り出しましょう。

年度末の担任業務

▶ねらい

学校教育法施行規則等の法令によって作成が義務付けられる、いくつかの公簿は確実に完成させます。また、教室の環境整備や次年度の準備も並行して行いましょう。

▶指導のポイント

卒業式までに行うことと年度末までに行うことをしっかり区別しましょう。生徒に渡すべきもの返却すべきものを忘れてしまうと、返却のために多くの労力が必要となりますので、担任事務内容をスケジュール表にして、チェックするようにしましょう。また、次年度に向けて、引き継がれる先生や教室を使う新学年の生徒の立場になってどうしたらよいかを考えることが大切です。

▶卒業式後の過ごし方

卒業式から修了式までは、これまでの自分の指導を振り返るチャンス！　卒業式後、他学年の授業を受け持っていなければ、日常の生活にゆとりができます。もちろん、それまでの多忙な日々のリフレッシュにあてるのもよいでしょう。

一方、それまでなかなかできなかった教科指導、生徒指導、特活指導などについて振り返り、次年度以降の指導に生かしていくことを進めます。

まずは、同じ教科の先生や他学年の先生の特活や道徳の授業を参観させてもらうのが最も効果があると思います。参観後には、無理のない範囲で授業者の先生と協議をしてみてください。

また、次年度どんなクラスを目指すのかなどを考え、準備しておくと、スタートダッシュが出来ます。あっという間の期間ですが、ぜひ有効に過ごしたいです。

指導の留意点

01 生徒の作品の返却

生徒が書いた作文、ワークシート、作品、副教材等を卒業式までに返却し、棚、ロッカー、机の中などに残っているものはないかを確認します。購入した副教材等を返却し忘れて、廃棄処分するようなことはあってはなりません。

特に特別教室に置いてある作品はないか教科担任とも連携して確認していきましょう。

また、クラスみんなで制作した掲示物等はクラスの文化の証しであり、思い出の品でもあります。剥がしたり片づけたりするときには細心の注意を払いましょう。なかには、記念に持って帰りたいという生徒もいるかもしれません。

02 通知表、指導要録・指導要録の抄本

3学期（後期）の通知表は、卒業証書の記載内容との関連を図る必要があります。多くの生徒が保管している通知表の最後となるので、温かい一人一人の生徒に寄り添った励ましの言葉を記載しましょう。進学した場合には指導要録の抄本または写しを作成し進学先に送付することが学校教育法施行規則に定められています。

■ 生徒への返却物のチェックリスト

□教科書
□副教材
□資料集
□学習ファイル
□作文
□ワークシート
□書写
□美術作品
□実験観察記録
□技術・家庭作品
□レポート等

■ 小学校6年の担任との引き継ぎ時の確認事項

[学年全体の傾向]

・協力体制
・まとまり
・学習の傾向
・行事への取り組み

[個に応じた支援]

・いじめに関すること
・家庭環境に関すること
・経済状況に関すること
・健康に配慮する児童
・学習に課題のある児童
・集団生活に課題のある児童
・基本的な生活習慣が身に付いていない児童
・話すこと/表現することが苦手な児童
・リーダー性のある児童
・暴力傾向のある児童
・登校刺激の必要な児童
・日本語指導の必要な児童

03 学級編成等 引き継ぎ資料作成

　通常3年生の担任が中心となって、新1年生の学級編成を行います。小学校からの書類だけに頼ることなく、卒業式後に分担して小学校の授業参観をし、6年生の児童の様子をじかに観察し、6年生の担任と情報交換会を行います。先入観をもって話を聞くことがないように留意し、入学後に配慮すべきことを中心に情報交換しましょう。

04 教室の受け渡し

　1年間使った教室を徹底的に掃除し、整理・整頓をします。卒業前の特別時間割などに組み込むとよいでしょう。新年度の始業式の日、教室に入った新3年生が最上級生としての決意を新たにするとともに、きれいに掃除をしてくれた卒業生への感謝の気持ちをもちます。剥離剤・ワックス等の運搬、管理等は教員が行わなければなりません。

編著者紹介・執筆者一覧

【編著者】

橋谷　由紀（はしたに　ゆき）

日本体育大学教授。川崎市小学校教諭、同市小学校校長、同市教育委員会を経て現職。全国特別活動研究会 顧問。主な研究テーマは、特別活動、キャリア教育。文部科学省中央教育審議会専門委員教育課程部会特別活動ワーキンググループ、「小学校学習指導要領解説特別活動編」「小学校特別活動映像資料作成に関する協力者会議」に係る協力者をはじめ、国立教育政策研究所 委員を歴任。共著書に『ミネルヴァ教職専門シリーズ12　特別活動』（ミネルヴァ書房、2021）、『「みんな」の学級経営』（東洋館出版社、2018）など多数。

p.1/8-21/26-27/30-33/36-37/44/50-51/56-57/60-61/78-79/84-85/92-93/96-97/114-115/
　130-131/142-143/146-149

佐藤　利行（さとう　としゆき）

川崎市立渡田中学校校長。川崎市立中学校教諭、同市教育委員会事務局を経て、2018年から現職。

p.24-25/46-47/58-59/70-73/76-77/80-81/88-89/100-101/112-113/124-125/132-133/140-141/
　150-151

【執筆者】（執筆順）

下川　美也子（しもかわ　みやこ）川崎市立宮内中学校

p.28-29/34-35/40-41

網谷　英大（あみや　ひでひろ）　川崎市立橘中学校

p.38-39/45/64-65/118-119

安斎　陽子（あんざい　ようこ）　川崎市教育委員会

p.42-43/66-67/74-75/104-105/144-145/156-157

小野　恵子（おの　けいこ）　　　川崎市立宮内中学校

p.48-49/54-55/82-83/90-91/94-95/98-99/106-111/122-123/134-137

大内　孝二（おおうち　こうじ）　川崎市立宮内中学校

p.52-53/62-63

植村　裕之（うえむら　ひろゆき）川崎市立川崎高等学校附属中学校

p.68-69/120-121/128-129

山城　佑美（やましろ　ゆみ）　　川崎市立宮内中学校

p.86-87/116-117/152-153

菊池　未来（きくち　みく）　　　川崎市立宮内中学校

p.102-103/126-127/136-137

市川　洋（いちかわ　ひろし）　　帝京大学教職センター・日本体育大学

p.154-155/158-161

イラストで見る
全活動・全行事の学級経営のすべて
中学校3年

2023年（令和5年）3月20日　初版第1刷発行

編著者：橋谷　由紀・佐藤　利行
発行者：錦織　圭之介
発行所：株式会社東洋館出版社
　　　　〒101-0054　東京都千代田区神田錦町2丁目9番1号
　　　　　　　　　　コンフォール安田ビル2階
　　　　代　表　電話03-6778-4343　FAX03-5281-8091
　　　　営業部　電話03-6778-7278　FAX03-5281-8092
　　　　振　替　00180-7-96823
　　　　ＵＲＬ　https://www.toyokan.co.jp

装丁デザイン：小口翔平＋須貝美咲（tobufune）
本文デザイン・組版：株式会社明昌堂
イラスト：すずき匠（株式会社オセロ）
印刷・製本：株式会社シナノ

ISBN978-4-491-05131-4　　　　　　　　　　Printed in Japan